釋依昱·著

生生自如

—開啟生命奧祕之寶典—

推薦序——

生生自如的般若智

佛光山開山

「生從何來？死往何去？」自有人類文明以來，生命的何去何從，一直是很多人亟欲解開的謎題。佛陀以十二因緣說明生命流轉的原理，有生就會有老死，而死又是另一期生命的開始，因此，生死實為一體之兩面，是世間上最公平、最普遍，也是最必然的實相。

時至今日，雖然一般人對生命的真相還是不太能了解而不免迷惑於生死，但可喜的是，對生命真義的探討、生命教育的重視，已然成為大眾所關切的重要課題。

談到「生命教育」，從佛法的觀點來看，在人的一生中，生命、生死與生活，三者關係密切，缺一不可。生命就是我們的「體」，生死是「相」，生活為「用」。生命，必須和他人建立因緣關係，才能生存、才能成長。就如雨水灌溉樹木，樹木也能涵養水分；而生物界要有食物鏈，才能維持自然生態的平衡發展。天地間擁有的生命，實為生生不息，亙古今而不變，歷萬劫而常新！

因此，真正了解生命的意義，即知生命是不死的。世間萬物的存在與延續，是相互的、是因緣的，彼此都有著不可分割的關係；即使這一期生命死亡，也不是生命的中止，它會透過不同的生命型態延續下去。是以，人生最大的意義，不在於他擁有了多少，更不在於生命的久暫，而是如何自我規劃，善用有限的生命，為社會創造善美，為世間留下功德。

多年前，當成功大學通識教育中心希望我推薦一位可以上佛學概論與生死學的教師，我即想到弟子依昱當可勝任。今欣聞他將其十數年來的教學心得彙編成書，名為「生生自如」，相信能對現代人有所啟發。

依昱，一九七七年隨我出家，個性溫和且勤勉好學。中國佛教研究院畢業後即在常住任職，後前往日本東京駒澤大學念書，專長於唯識學（佛教心理學）。接著又於一九九七年取得日本愛知學院大學文學博士學位，目前任教於佛光山叢林學院、成功大學及義守大學。三十多年來，熱心文教，勤於筆耕，並經常接引知識分子認識佛教。

這一本書是從佛教的觀點來談生死，內容含括養生保健、心靈管理與生涯規劃，為當今時尚的「心靈環保」及「生命教育」提供良好教材。透過依昱的生花妙筆，娓娓寫出一篇篇平實而饒富哲理的生活智慧，有助於讀者重新認識生命的意義，創造生命的價值，活出生命的希望。

今值此書即將付梓之際，依昱請我為之作序，我欣然慨允。期許他能繼續筆耕佛法，以文字般若與大眾結緣。是為序。

二〇〇九年十月於宜興大覺寺

推薦序——

現代生命意義的最佳引導

日本東洋大學校長 竹村牧男

依昱法師是佛光山教團的比丘尼，高雄義守大學應日系創系主任。年輕時到日本駒澤大學留學，研究唯識教學。於義守大學教授日本文學、日本文化等課程，在成功大學講授生命倫理學。

唯識教學在五世紀的印度，由無著和世親論師完成，包含存在論、認識論、言語論、實踐論等龐大的哲學體系。在中國，由玄奘三藏法師而成立的法相宗，其根本論典就是玄奘所翻譯的《成唯識論》。依昱法師將此龐大難解的《成唯識論》研究透澈，將唯識思想的精華剖析、精研，加以活用至現代人的生活當中。《生生自如》的出版，可以作為現代生命意義的最佳引導，之前依昱法師也出版多本相關的著作。

依昱法師是一位篤實的學者，也是深具慈悲心的宗教家。《生生自如》立基於佛教根本思想的唯識思想，著眼於生老病死的問題，將佛教教理對於人的生活觀和人生觀，以容易理解的方式加以闡釋。巧妙的揭示唯識思想對我們的生活非常有幫助，例如：在生病或步入老年時，應該用什麼樣的心態泰然自處。此外，基於法師自己的學術涵養和修行經驗，以令人信服的方式告訴人們如何超越死亡的痛苦，什麼才是正確的心靈養生之道。

依昱法師充分利用迄今積累的豐富唯識教學經驗，活用在人生道上。不僅是唯識教學，同時將佛教的廣博教理融入書中，明確指出每一種苦難的解決方式。此外，還將佛光山開山星雲大師的教誨放入書中，啟人省思。誠如佛典所言，每個人都會面臨死亡和疾病的痛苦，即使現代科學技術進步，患病的人數也從未減少；雖然預期壽命延長，但也有突發疾病；即使獲得了長壽，也不是每個人都能在健康的狀態下長壽。的確，人類肯定會死，如果人沒有任何覺悟，就無法保持安穩平和的心境生活。

為了實現一個人的特定生命，佛教等宗教義理引導正確方向，建立正確的人生觀。如何克服人生困境？這樣重要而根本的問題，本書肯定是人生必讀之寶典。希望有更多讀者能細細品讀此書，透過此書使我們能夠在苦惱的人生中淨化心靈，過得很充實、很健康，充滿活力。

我極力推薦依昱法師的著作，以嘉惠廣大讀者！

二〇一八年十二月一日於日本筑波寓所

推薦序——

屬於自我「快活的人生」

義守大學榮譽校長暨特聘講座教授
澳洲南天大學執行董事
傅勝利

《生生自如》一書是依昱法師藉著「生」與「死」兩個課題，探討生命倫理、佛學概論以及宗教哲學三個重要課題，適合作為人生導引與宗教探討的重要參考。

依昱法師是佛光山法師，也是義守大學應用日語學系首位系主任。他自中國佛學院畢業後，先赴日本東京駒澤大學就讀，再進入日本愛知學院大學進修，於一九九七年獲得文學博士學位。於義守大學擔任系主任以及教職，規劃及協助日本語文教學外，依昱法師也在成功大學教授有關生命倫理、佛學概論以及宗教哲學等課程。在他擔任系主任期間，甚至在他辭卸系主任後，每當同學、同仁或學校方面有相關生命及死亡的困惑與煩惱時，常會請依昱法師開導、化解。

《生生自如》是依昱法師希望協助當今大學生及現代人，對於生命中的一切能有正確的體認，以正面、正確與健康的理念，面對人生。《生生自如》一書以「生是自然」、

「老而怡然」、「病得泰然」與「善終安然」四章，分別依生理、心理、調理與佛理，闡述人生的生、老、病、死。更經由雋永的中外小品與佛經故事，使讀者在怡然中體會生命、宗教與佛學，更在每章的佛理之後，節選相關主題的星雲大師語錄，使讀者對該章節精義了解得更為深刻。

例如：第一章「生是自然」第五節「笑談人生的故事」裡的公案，禪師用一塊大石頭擺在不同的地方，價值就不同，啟發小和尚人生定位不同則價值就不同。第二章「老而怡然」中，一個老太太飢寒交迫且撫養三個孫子，因為偷了麵包被法官罰款，老太太無法繳付，旁聽的市長挺身而出，要法庭上每一個人，包括他自己，為自己的冷漠付費，協助老太太繳交罰款。

本書不僅探討生命倫理、佛學概論以及宗教哲學三個重要課題，適合作為大學通識教育課程的教科書；亦可以作為當今社會為追求功名利祿而迷茫的大眾的心靈導引。不論遭遇任何橫逆或挫折，際遇顯赫或落魄，只要能本諸「生是自然」、「老而怡然」、「病得泰然」與「善終安然」的理念，每個人都可以活出屬於自我「快活的人生」。

二〇一八年六月於高雄市觀音山義守大學

自序——

生生自如的人生

釋依昱

當人生走過一甲子以上，對生老病死會有更深一層的體悟。感謝生養我的父母給了我一個健康的身體、良好的家庭教養；感恩家師星雲大師接引我入佛門，給了我法身慧命；感恩佛光山常住，培養我出國留學，任教於高等教育機構；感恩指導教授鎌田茂雄博士的指導，讓我取得日本文學博士的學位；感恩二十幾年前聘我到義守大學應日系當創系主任的傳勝利校長。感恩四十餘年出家生涯、長養法身慧命當中，承蒙常住師長、師兄們的教誨，才能造就今天的我。說不盡的感恩，道不完的感謝，感激！

近四十年在成功大學、義守大學任教通識教育課程：禪與人生、生死學、生命倫理、佛學概論、宗教哲學等課程時，一直有個願望，想編一本適合大學通識課程使用的教科書，解答人生的迷惑。現今，人心要安定、世界要和平，不但要發揮人性的慈悲無私，更要深入探討可以促進世界和平、安定人心的無形力量——佛教教義。

生命倫理、佛學概論、宗教哲學這三個課程，分析起來不外乎「生」與「死」兩個課題。

教育可以創造有理性的人；讀書可以學習技藝，齊家輔國；而慚愧心、般若智可以成聖成賢。故今日的教學方法，應以養成學生有正知、正見、正確的倫理道德觀念。

在南台別院人間大學開設《楞嚴經》課程多年，每講到二十五聖圓通觀音菩薩的修持法門時，就深受菩薩的悲心願力所感動。《普門品》云：「心念不空過，能滅諸有苦」，至始至終要修的就是這一顆「心」，時常誦念觀音菩薩聖號，心念寂靜，於苦惱死厄能做依怙。祈願諸善知識至心信念，隨感而應，福不唐捐。

人們不可能將全世界都掌控在自己手裡，使得整個世界百分之百符合自己的理想；但是，只要有心反省並修正自己的想法，自我控制管理其實是一件極為簡單的事。

一個美好善良的生活習慣，要在平常日用中培養正確觀念，從校園裡啟發純淨的心靈，必能獲得受用。

家師星雲大師說：「物質的窮不是真窮，富人不知足才真是窮人，世間上有很多富有的窮人，他們錦衣玉食，一擲千金，但精神領域卻非常貧窮，且日夜擔憂受驚，食不知味，寢不安眠。以智慧觀照世間功名利祿和善惡是非，了解他們的短暫性、虛妄性，心地明朗，安適自在，那麼茅茨土階也是亭臺水榭；粗衣疏食也是錦繡珍饈。若能用心以下：

一、吃得粗、吃得少、吃得苦、吃得虧。

二、起得早、睡得好、七分飽、常跑跑。

三、多笑笑、莫煩惱、天天忙、永不老。

如此，就是健康長壽之道。」

衷心感恩師父上人在百忙中為本書作序，嘉惠大眾！

衷心感恩傅勝利校長在百忙中為本書作序，與眾結緣！

衷心感恩竹村牧男校長在百忙中為本書作序，與眾結緣！

誠摯祝福讀者諸君：學會將日子過得更快樂、更幸福、更有熱誠、生活中充滿溫馨和心靈平靜，就愈能激發出人生真、善、美的目標，並能在現實生活中實現「生是自然」、「老而怡然」、「病得泰然」與「善終安然」生生自如的人生。

謹將此書獻給天下所有的有緣人，在人生的旅途中若因為閱讀此書，而有一點點啟發而轉變人生方向。幸甚！幸甚！

前言

人的一生真正要面對的只有二個重大的課題，一是「生」、一是「死」。生的時候要活得平安快樂、充實圓滿；死的時候要死得無牽無掛，死得自在安然。中國人非常畏懼死亡，對於和「死」諧音的字都很忌諱，很多的醫院或公寓沒有「四樓」，有的用F代替，有的直接跳過，而這些忌諱皆源於對未知的死有太多的恐懼與怖畏。

事實上我們每天都在與「死」打交道，日常生活所用的詞彙很多跟死有關，例如：太貪睡早上起不來，母親就講「你睡死了」；吃太飽，叫「撐死了」；反應遲鈍，馬上來一句「笨死了」；和人嘔氣，就「嘔死了」；還有「氣死了」、「餓死了」、「恨死了」、「笑死了」、「去死啦」等等。甚至有人一天到晚罵人「死鬼」、「死相」；男女生吵架就說「討厭死了」，任何事都和「死」離不開關係。

自九二一地震以來，很多人對於「生死」問題已經有更深一層的思考。當我們突然面臨死亡，必然手足無措，但如果心理能夠事先準備，自然可以很清醒的解決問題。其實我們每天都在死，只是我們不曉得，記得小時候母親常說一句臺灣俚語：「今晚死，明早爬起來吃米。」意思是晚上睡死了，第二天又可以活過來吃飯。亦即我們的細胞每天都在新陳代謝，每天死了很多很多的細胞，不好的細胞不死，新的細胞就不能夠再產生。

記得師父上人常常講：「貪、瞋、痴、慢、疑、惡見等六大煩惱習氣要死過去，清淨的智慧才會生出來。」所以死並不是不好，它是除舊布新。死亡也如同搬家，好比人的身體壞了，再換一個新的、健康的身體。所以諺云：「千生萬死」，死一萬遍，才活一千次，不間斷的死去活來，好不容易。舉例而言：胎兒要從母體順利出來，母子都須經歷重要關卡。臺灣俚語：「生得過雞酒香，生不過就得四塊材板。」亦即，若順利生產，坐月子時就吃得很豐盛；如果難產，就只得到四片棺材板，釘了、埋了。好不容易出生，又得經過許多的人生風浪，生與死之間，不是兩回事，是一回事，有生必有死。每一個階段我們都在死，也都在新生。

有一次坐火車，鄰座是一位中年婦女，他問：「師父，您要去哪？」我回答他：「要去成大上課。」他又好奇的問：「上什麼課呢？」我答：「生死學的課。」婦人驚訝的說：「現在連死亡的課也有人教！記得以前，我們所受的教育，老人家都告訴我們，什麼都要學，就是死亡不能學。你是教學生們怎麼死比較不痛苦嗎？」回答他：「應該說怎麼珍惜生活，面臨死亡時才不會遺憾。」

生與死之間，不是兩回事，是一回事，有生必有死。雖說怕死，可是我們每一天都要面臨它，它緊緊跟著我們的人生腳步。我們每天因有呼吸而活著，一旦吸不到一口氣，馬上就面臨死亡。

由此可見，人們處在科技文明發達、物質豐裕的社會，養尊處優而缺乏危機意識，一旦面臨生死存亡之際，茫然無助，不知何去何從，才想到要臨時抱佛腳。與其在危急的時候才意識到生死的重要，還不如當下開始行動，積極的學習有關生死的課題。

人生有四苦：

一、生苦，嬰兒在母親腹中如受胎獄之苦，出生時又得經過母親狹窄的產道。

二、老苦，由幼年至青年直到老年，身體日漸衰老、退化，苦不堪言。

三、病苦，各種病痛纏住身體，是誰也不願受的痛苦！有的病人不是要求醫生設法為其結束生命嗎？

四、死苦，說到「死」，有佛法的人不認為「苦」！

星雲大師：「人的一期生命不過數十寒暑，當一期生命結束後，又往何處轉生呢？有人以為人死如燈滅，一了百了，好像油盡燈枯一般；其實燈雖熄了，但電源還在，只要換上一個燈泡，電源一開，燈仍會亮，所以佛教認為人的生命結束後，或升天、或做人，或在其他五趣六道中流轉；總之，這個形體消滅了，又有另一個形體復活。譬如以柴薪取火，柴薪一根根的燒完了，但火始終不斷。我們的生命之火也是這樣相續不斷的。」

從古至今，多少人冀求長生不死，多少帝王費盡心機尋找不死仙丹，但在因果定律、自然法則之下，從來沒有人能遂其所願，成為不死之人。在十二因緣的生死輪轉中，從來沒有一個人能被死所遺忘。因此《六方禮經》云：「無親可恃怙，無處可隱藏；天福尚有盡，人命豈長久。」

生命的長短，雖非吾人所能把握，但如何活得有意義，如何活得自在，卻可由自己作主。「死」是業力的必然趨向，是神識流轉的過程，要能坦然面對；「生」是前世因緣的造作，是人生修養歷練的過程，要好好經營，在有涯的生命旅程中，營造出圓熟光明的勝景。

心理學家佛洛依德說：「人類有求生與求死兩種本能，它們互相拔河的結果，構築成一條長長的生命軌跡。」求長生者，「貪生怕死」，卻又矛盾的活在「醉生夢死」中；不懼生死的聖者，往往「置之死地而後生」，從發心修行與服務大眾中能「了生脫死」、「超越生死」。

從生到死，要探討的內涵是如何讓生命更完整而無缺憾！所以主要目的是如何規劃生涯，如何充實生活，如何以泰然、坦然、淡然的心境來面對疾病和死亡。我們無法掌控生命的長度，但可以左右生命的深度，若把生老病死看得恬淡自在，就能生生自如。

目次

第三章 病得泰然

第一章

生是自然

第一節　生理

一、生命起源

依據物質科學與無生源論，生命起源的研究對象主要是地球上的生命，經歷約三十九到四十一億年的演化，如何從無生物（或死物）成為生物。二〇一七年，科學家在加拿大魁北克發現四十二點八億年前的微體化石，認定可能是地球上最古老的生命證據。

生命構成的元素DNA有兩項特質：第一，它能透過轉錄產生mRNA，而mRNA則能夠轉譯出蛋白質；第二，它能自行複製。這兩項特質也是細菌類有機生物的基本特質，而細菌是生命界最簡單的生命體，是目前找到的最古老化石。

DNA的複製本領來自其特殊構造，DNA為雙股螺旋，細胞的遺傳訊息全部在上面。DNA在複製過程會出錯，或分子群的一小部分出錯，如此複製就不盡完美，所製造的蛋白質也可能完全不同。但是，演化也因此而展開，生命一旦產生不同的型態，自然隨即運作淘汰和選擇的法則，生物才能逐漸的演化。

佛教徒常說身體是個臭皮囊，所以要修不淨觀。的確我們在身體上下的功夫最多，一打開電視，最多的是營養品、保養品、化妝品等針對身體的廣告，說明很多人在生活中都是繞著身體在轉。

有些女士常為身體發愁，使得各種保養品暢銷，醫美行業很熱門；當臉上有皺紋，心裡面就覺得難以承受，天天想辦法弄掉一道一道的皺紋；有些年輕人更是害怕皺紋，早早準備，所以經常在大街上看到有人的臉塗成一片粉白，努力把歲月痕跡掩蓋。有些人認為單眼皮不好看，拉成雙眼皮，結果眼皮腫脹，適得其反。有人臉上痣多，嫌影響美觀而祛除，意外的愈祛痣愈大，被爛痣的藥給爛大。有的人聽別人說自己氣色不好，就擔心營養不良，急著改善、補充。

我們投放太多的精力在外表，一輩子為它服務。老子講「吾之有患，為吾有身」，有了身體這個大患，我們從內到外成天繞著它轉，忘了氣質、教養、精神內涵才是生活中最重要的。

二、生命的真諦

人出生之後，會有苦、會死亡，這就是人類史。無論人生也好，人苦也好，人死也好，就只是一個掛礙，我們心裡的掛礙太多，才因此患得患失。

快川紹喜禪師曾說：「安禪不必須山水，滅卻心頭火自涼。」參禪修行哪裡須在山明水秀的地方，這有什麼功夫？古德「泰山崩於前而色不變，麋鹿興於左而目不瞬」；孟子說「吾善養浩然之氣」，只要滅卻心裡的掛礙、恐怖、念頭，心裡自能清涼，即便大火臨頭也是清涼。

人心高深莫測變化無常，同樣的事物，因時地不同感受也不同。落難的皇帝在鄉間飢腸轆轆時吃到地瓜湯驚為珍品，回到宮中再度品嘗卻難以下嚥，全因心識善變難以捉摸。人若能如實掌握自己的心，進而了解他人的心，知己知彼，才能無事不成、萬般圓滿。

滿心歡喜的看世間，世間也充滿歡喜；滿懷憂愁的看世間，世間也跟著憂愁起來；善人看世界皆善，惡人看世界皆惡，瞋心者的世界是爭執的世界。慈心者的世界是圓融的世界。

楊定一博士〈活出生命全部的潛能〉一文提到：

「念頭和情緒的反彈，為什麼影響這麼大？因為這是人類演化過程重要的生存機制。最初期的人類隨時要為了反擊或逃命而戒備，我們即使到了現在，生理也依然帶著這樣的機制，而隨時處在一種緊張、而封閉的狀態。『我』的小小生命流不出去，發揮不了潛能，『我』之外的靈感、喜樂和愛也進不來。你我都在個人和人間集體的制約中打轉，轉不出來。透過包容、臣服於每一個瞬間，和全部生命接軌。在每一個瞬間，清清楚楚的覺察身心的抵抗所帶來的緊張與反彈，緊張所固化的限制也自然慢慢鬆動，甚至一點一點脫落。怎麼做？其實很簡單。最多也只是在每一個抱怨、期待、判斷、分別、不滿意、批評之中，給自己一個空檔，輕鬆看到自己又陷入了生存的恐懼迴路，溫柔的看待自己的反彈。同時，帶著一個觀念，知道每個人跟我一樣只是最完美、最原初、最完整意識的一小部分。怨對方，也只是在怨自己；愛對方，其實就是愛自己。回到這個最原初、最寬闊、最完美的一體意識，知道每一個人和我一樣，從來沒有分別過。其實也只是把頭腦帶來的制約挪開，生命也就自由流動，透過我們流向人間。

只要放棄對這個瞬間的抵抗，每一個瞬間自然變得單純，變得清新。我們不那麼緊張，整個人感到舒暢放鬆。投入每一個瞬間，自然跟生命的內在接軌，跟全部的生命達到同步，讓生命的流動自由。

我們也只能輕輕鬆鬆活在『心』，配合全部的生命自由的流動，自然延伸出生命未知、不可知的奧妙。無須費力，無須時時焦慮、事事干預、處處規劃。

我們輕輕鬆鬆投入這個瞬間，在一個又一個『動』中，讓生命毫不費力的自由流動。我們不會在意須要完成什麼任務，非要做點什麼、有什麼成就。只是對生命不再抗議，讓生命神聖的光明在每一個瞬間自由的經過我們流出去。只要可以完全接受這個瞬間，接下來，也沒有什麼好再追求的。生命內外也就接軌，也就通透。生命的全部潛能也自然爆發出來。全部的生命自然活進每個細胞，滲入每個層次的體，流進人生的每一個角落，讓我們在歡喜的狀態下活這一生。其中最關鍵的是──我們的『心』。只有透過清醒的覺察與臣服，解開緊張，活在『心』，才可以真正活出生命全部的潛能，讓我們這一生得到全部的解答。」

如何投入每個瞬間？如禪者所言：

唐・大珠慧海禪師：「飢來吃飯睏來眠。」

以星雲大師《佛光菜根譚》佳句期許我們這一顆充滿靈性的「心」，活出生命全部的潛能：

「人，要從愚痴迷夢中覺醒，才能認識生命的真諦；

人，要從向外貪求中回頭，才能找到內心的寶藏。」

「生活艱難時，要面對它；生活辛苦時，要體驗它；
生活清閒時，要計畫它；生活滿足時，要享受它。」

「生命的尊嚴不在於它的絢麗，而在於它為後人所帶來的懷念；
生命的義意不在於它的長久，而在於它為後人所帶來的典範。」

第二節　心理

生命中有很多事足以把人打倒，但真正打倒自己的是心態。遇到問題實在撐不下去時，可以說自己累了，但不要說不行了，因為一旦說出口，就會真的開始不行，這是心態也是心理問題。

一、佛語心為宗

佛教談心，禪門寶典《無門關》云：「佛語心為宗」，三藏十二部經典的教理，就是教人淨心。這世界上，和我們最親近、關係最密切的，是我們的心，還有因其所起的意識變化。心不是單一之物，積集著各種要因，此刻的我是過去累積而成；未來的我，端賴此刻的我所作所為而決定，所以「心」是過去和未來的總體。因此，當我們關心外在環境的種種建設時，也請別忽略和我們息息相關的心理建設。

研究心理學，現代人幾乎僅止於一般常理所知的心態變化，或勸導或藥物治療。然而佛教二千多年來深究人內心的變化，引導人透過注視省察，掌握內心的實態，從中尋求拯救的方法和悟道之理，期喚醒人們的覺知，找到心中的主人。依此觀點，有呼吸、有心跳、有喜怒哀樂的身體是真真實實的存在，因有人身，才能體會人情冷暖，才知道精進修行，從中悟到宇宙人生的真理。

有一首描寫心的偈語：「三點若星相，橫鉤似月斜，披毛從此得，成佛也由他。」說明由於心的運作可使人墮至畜牲道亦可使人成佛作祖，端賴我們如何把握心。《雜阿含經》云：「心惱故眾生惱，心淨故眾生淨」，《維摩經》亦云：「唯其心淨則一切國土皆淨」，不管面臨什麼困難，只要有絕對的自信心，都會有解決的辦法，而自信心的強弱取決於我們對事情的看法，以及所持的心態是悲觀或樂觀。

記得四十幾年前念中學時，有位地理老師第一天上課時手裡拿著一個蘋果，當時的蘋果很貴重。老師問：「如果有人送你一個蘋果，而你捨不得馬上吃，於是貯存起來，有天你再也忍不住蘋果香的誘惑，拿起蘋果正想一口咬下，卻發現已爛一半，此時你作何想法？有人會覺得很懊惱，早知道如此當時就全部吃掉，現只剩下半個，好可惜喔！滿腦子憑弔已爛去的半個而唏噓不已！但有人小心翼翼的把好的一半蘋果捧在手裡，滿心歡喜的說，幸虧只損失一半，還有半個可以享用，真是有口福，若整個爛掉，那就只有嘛口水的分兒！你們希望成為哪一種人呢？」這一席話深植腦海，對那半個蘋果，是懊惱是歡喜，二種心態不正意謂著二種截然不同的人生觀！每當我把得失看得太重或遭遇困難時，回憶起這席話，就釋然了，馬上告訴自己：「人不可能一直居於峰頂，也不可能一直處在谷底，總會有辦法，厄運不可能一直持續下去，黎明前總會有一段黑暗……逆境是順境之因，沒有長年的地底蟄伏，哪來聲聲悅耳的蟬鳴？」

提到佛教心理學，一般人總將「心意識」混為一談，其實心、意、識各司其職。《阿毘達磨大毘婆沙論》卷七二云：「心意識三，亦有差別，謂心是種族義、意是生門義、識是積聚義……復次，滋長是心業，思量是意業，分別是識業。」這說明「心」有集起之義，集諸法之種子，起諸法之現行，亦即第八阿賴耶識。「意」指第七末那識，恆審思量，此識是我執的根本，生死的原動力。「識」指眼、耳、鼻、舌、身、意等前六識，有「了別」之意，亦即主觀的心對客觀的境有明了分別的功能。《金剛經》云：「凡所有相，皆是虛妄」，芸芸眾生不解其義，認假作真虛妄分別，大小方圓、高低長短等，即稱為打妄想，此即「識」的作用。

二、五識會談

眼識、耳識、鼻識、舌識、身識，又稱五表識，是人的五種感官作用，平常各司其職，相安無事。有一天五個兄弟突然想聚聚，談談各自的工作，增進彼此的了解。身為老大哥的身體以自己的家作為開會地點，召集大家按照高低順序發言討論。

眼睛首先發言：「我的職司是視覺作用，看的是外界的青、黃、赤、白等顏色，長、短、方、圓等形狀，還有山川草木等美麗風光。一旦我眼睛閉上，眼前就一片黑暗，人生也就黯淡了。」（眼盲心不盲的人例外！）

耳朵接著講：「我掌管聽覺神經，風聲、雷聲、雨聲等自然界的聲音；人、畜牲、雞犬等動物的音聲；鐘、鼓、絲竹、管絃等樂音，以及車聲、喇叭聲等，皆屬我的管轄區域。如果我罷工，將聽不到聲音而無法與外界溝通，這世間將一片沉寂。又佛云：娑婆世界的眾生耳根最利，凡有學習，先從聽聞再有記憶。聽覺也最能直接反應人的感情變化，聽到好聽且熟悉的音樂情不自禁的跟著哼，甚至手舞足蹈；聽到人的讚美，說好喜歡你，在未分辨真偽之前，直覺的反應就是心裡很受用、心花怒放……。」

「該輪到我了吧！」鼻子在一旁似乎等不及的呼呼作響。接著發言：「我掌管嗅覺作用，凡是有氣味的東西，不管是香的、臭的、腥羶的，皆難逃我這一關。我所聞到的氣味可分為四種——好香、惡香、等香、不等香。好香指的是旃檀、沉香、麝香等；惡香指的是蔥蒜韭薤等；另外，等香、不等香指的是資養自身和不能資養自身等等區分，視其作用而定，例如麻藥（嗎啡）的香，身患重病時可止劇痛是等香，若是常人用來吸食，其香就成了害人的毒品，是屬不等香。如果嗅覺不靈，難以分辨香臭，則聞不出來食物是否腐敗，甚至瓦斯漏氣也不覺，就有生命危險。最重要的，呼吸一停止，人的生命就難保。」

舌頭也坐不住的急欲表達自己的重要性，終於輪到舌頭說話：「我的任務是辨認所有入嘴之味道，可分成苦、酸、辣、甘、鹹、淡等六種味道。如果我辨別味覺的功能消失，那再怎麼昂貴美味的珍饈佳餚也是食不知味，人生的樂趣也跟著失去泰半。」

最後，身為主席的身體起來發言：「我的職責是觸覺，用皮膚感受輕、重、澀、滑、冷、暖、硬、軟等。把手伸到很熱的水中，直接的反應是，啊！很燙；觸到柔軟的毛毯時，肌膚的反應是輕柔愉悅，我很忠實的傳達身體感官的感覺。」

主席又言：「日本有名的教育學者，賀來琢磨氏主張「保育從接觸開始」，意為人從嬰兒期開始，身心的成長發展是否正常，端賴雙親和嬰兒之間身體的接觸是否恰到好處，太溺愛或過於疏忽都會影響幼兒日後人格身心的健全與否。缺乏愛的教育，會造成心理障礙，也會帶來社會問題。」

這五種表面的感官，忠實的反應出外在的感覺，但吾人內在的想法又如何呢？真正心靈的精神層次如何提升呢？

美國《華盛頓郵報》曾評選出十大奢侈品，竟然無一與物質有關：

1.生命的覺悟。

2.一顆自由、喜悅與充滿愛的心。

3.走遍天下的氣魄。

4.回歸自然，有與大自然連接的能力。

5.安穩而平和的睡眠。

6.享受真正屬於自己的空間與時間。

7.彼此深愛的靈魂伴侶。

8.任何時候都有真正懂你的人。

9.身體健康，內心富有。

10.能感染並點燃他人的希望。

再舉一公案，唐朝的石鞏原是獵人，經馬祖道一禪師接引開悟後，便以其弓箭度眾。

有來參訪求開示者，石鞏即拉箭搭弓瞄準來人胸膛，大喝一聲「看箭！」來人無不驚惶恐懼，冷汗直冒。驚魂甫定，有人當下也開悟了。開悟的是：一個人因為自我意識抬頭，事事以自我為本位，時時樹立起自我的靶子，垛生招箭，因此不免成別人射擊的目標。如果自我的靶子沒了，別人的弓箭如何射向自己呢？

以上給予吾人無窮的啟示：愈關心、保護自己，愈提防、排拒他人，就愈容易受到傷害，陷於苦惱。

平生不作皺眉事，世上應無切齒人！

第三節　調理

一、調心、調氣

《黃帝內經》：「怒傷肝、喜傷心、憂傷肺、思傷脾、恐傷腎。」怒則氣逆，喜則氣緩，悲則氣消，恐則氣轉。天氣炎熱時，容易動肝火，要如何心靜自然涼，就看「調心、調氣」的功夫！

心如何調呢？明代大儒王陽明先生有言：「去山中賊易，去心中賊難」，意謂世態炎涼，人心不古。今日物質文明發達、名利掛帥，稍一不慎，為名利所惑，心賊一起，妄想執著等無謂的煩惱就來干擾！

《楞伽經》云：「心生即種種法生，心滅即種種法滅」，這兩句話同時也是《大乘起信論》的名言。亦即，人在苦悶、失意、悲觀、倒楣時，不論看到、遇到什麼，都覺得不舒服、不對勁。當一個人被疼惜、重視，做什麼都很稱心如意，他會覺得世界很有希望，充滿活力。同一個人在不同的心境下，看同一個世界會有不同的心理和身體的感受，所以有言：「心生種種法生」。

舉一位同事的故事為例：日前國外一所大學邀請他去客座教授，學校從院長到校長都極為稱讚，認為是榮譽，對學校加分，很快的幾個月的公假就簽出來。正是用餐時間，幾位同事用著欽羨的口吻恭喜他時，突然有個聲音：「真奇怪耶！一個世界百大的名校為什麼要聘請一位私校的老師？這其中一定有什麼名堂……」說著說著人就走掉，我們卻都傻眼！只見受邀的同事臉色蒼白的站起來，手上的便當搖搖晃晃，飯都快掉出來，呼吸變得急促，平日的沉靜一下子消失，用著沙啞的聲音說：「哪有什麼名堂，我也沒到過那所學校，對方是因為看到我的學術論文和他們要上的課有相關才邀請……」接著哽咽起來說不下去，我遞上一張衛生紙，幫他拿著便當，帶他到研究室，倒一杯水讓他慢慢的喝完，拿一本《金剛經》給他之後，就去上課。一個小時後再回來，他的心情已平順下來，並說：「讀到經文『應無所住而生其心』就想開了！一旦放下、看開，天下本無事，則心滅即種種法滅。」

二、福至心靈

人的心理真是奇怪，有幸災樂禍、有落井下石、有冷眼旁觀，就是少有雪中送炭！而且主觀意識都認定當事者有錯，要他找出證據證實自己無辜，卻不追究造謠者有什麼證據誣陷好人。這位同事木訥、生性耿直、不善交際更不會逢迎，被誤解了也默默承受不辯解；每每有人為他抱不平時，他反倒常說：「一個人受傷害了，就夠了，為什麼要二個人呢？」

印證了星雲大師化解紛爭的四句偈法語：

1. 你好他好我不好；
2. 你大他大我最小；
3. 你樂他樂我來苦；
4. 你有他有我沒有。

所以我們要能洞悉世間諸法皆是虛妄，佛說諸法乃是隨病予藥，悟到「病息藥亡」，切勿「執藥成病，悟病成藥」。如此用功觀照，無明煩惱會漸漸淡薄，道心信念則日漸增長，因此能生活得清淨喜悅、自由無滯，猶如明月般的光輝燦爛，圓滿自在。所以，不要說「做人難、人難做、難做人」，要常說「做好人、人好做、好做人」。

中國人喜歡「福」字，對聯寫的是「春滿乾坤福滿門」、「福如東海長流水」，人人希望有福氣、有福運，打開福門，更企望福慧雙修，福至心靈。福至心靈意謂著福氣來了，心竅也開了，心思顯得靈巧，形容人遇到適當時機時則思路靈活、舉措得當。除了希望物質和生活上的福氣，每一個人都有其心靈世界，學佛的主要目的即在追求內在心靈的幸福與安樂，每一天面對的自我，都是一個新的開始，有了這一層信念，以之為基礎精進，安樂可以取代哀愁，成功可以取代失敗，富足可以取代貧困，信心可以取代怯弱，自由可以取代恐懼，由此，心境自然開闊，俗見自能擺脫，心靈自得淨化。

星雲大師於《星雲日記》提到心靈淨化的方法，可作為參考：

1.心靈淨化非短期的運動，而是要長期的熏習。

2.改變社會風氣，在於大家的自我覺醒，並造成風氣。

3.「物質」是比較性，永不會滿足，能滿足我們的是心中的寶藏——享有比擁有更美好。

4培養結緣的習慣、人我互相的觀念、散播慈悲的種子、遇事感恩的美德，都是淨化心靈的方法。

我們的生命很短暫，身體很脆弱，比如吹了空調就打噴嚏、感冒；風扇一吹，肩腿就痠又疼，好像禁不起風吹雨打。佛法告訴我們，要認識身體的短暫、脆弱、汙濁，這不是說就不管它，可以虐待它，而是要觀身不淨，放下這個身體，但不能輕生，輕生同樣是犯錯。佛法是中道的，一方面讓我們透過不淨觀，理解身體的汙濁、短暫、脆弱，放棄對色身的貪戀；另一方面，也讓我們不輕視色身，若是輕視、虐待色身，同樣不符合佛法的精神。要行中道，食能果腹、衣能避寒就好，不要為色身下太多功夫，天天圍著色身轉，終是無用。

在僧團內部，六和敬是佛陀教導僧團和合的六大綱領：見和同解（看法）、戒和同遵（規範）、利和同均（利益），是和合的本質；意和同悅（心）、身和同住（身體）、口和無諍（語言），是和合的表現。

若能將此六和敬的原則運用到生活，絕對會成為受歡迎的人！

前文提到修不淨觀，是消除我們對色身的貪戀，貪戀色身是極端的觀念，輕視色身也是極端的觀念，我們應根據自己的具體情況，具體分析對待，這須運用佛法透視我們自己。透視了，就會放下對色身的貪戀，也會擺脫對色身的輕視，更會積極的發揮色身的作用和價值；色身不僅僅屬於你，也屬於社會大眾，把色身投入到社會為大眾服務，才是覺悟人生，奉獻人生。

三、長壽祕訣

我們生存的空間、生活的機會，都是社會大眾提供的，我們日常中的吃、住、穿、用，也都來自社會大眾的服務，所以我們要有奉獻精神，放下對色身的貪戀，用色身回報社會。貢獻社會，應有「將此身心奉塵剎，是則名為報佛恩」的觀念，亦即更加積極的投入到社會工作和家庭生活，當把整個身體的作用和價值奉獻給家庭、奉獻給社會大眾。如果能夠這樣生活，那麼我們就是智慧的生活，會感到生命是輕鬆、愉快的。

智慧的生活後，許多人努力養生想達到的目標是長命百歲，這不僅是祝福，更是希望老年生活能夠無痛無病、安安穩穩。

在有著長壽大國之稱的日本，有學者針對全國一千五百名的人瑞進行了血液調查研究，澈底分析長壽的祕訣！

（一）長壽百分之七十五由環境因素決定，生活習慣是關鍵

日本長壽研究權威，慶應義塾大學百壽綜合研究中心新井康通醫師表示，所謂的人瑞，指的是活了超過一世紀的長壽者。長壽是否與遺傳基因有關呢？日本近期的研究針對這一點進行調查，發現有百分之二十五與遺傳有關之外，剩的百分之七十五是環境因素，因此，自身的生活習慣占了絕大的因素。

（二）一千五百名長壽者血液調查，慢性發炎決定壽命長短

慶應義塾大學百壽綜合研究中心，對全國超過一百歲以上的長壽者進行訪問調查以及抽血檢驗，共計調查了一百歲以上的八百人、七十五歲以上的七百人，蒐集了一千五百人的血液樣本。從這項血液調查發現——「慢性發炎」較少的人較為長壽。

在八十五歲至九十九歲的統計中，有慢性發炎問題的人，四年後的生存率降低了百分之二十，發炎愈少的人，生存率則愈高。

（三）發炎的兩大種類

1. 急性發炎

割傷、感冒造成喉嚨腫痛等等，很快爆發的發炎症狀，儘管當下帶來的不舒服感相當

明顯，病況可能也很嚴重，但數週內就可以痊癒，稱為急性發炎。

2.慢性發炎

細胞老化、從壞損的細胞釋放發炎物質，讓周圍的細胞跟著感染發炎。慢性發炎幾乎不會有任何疼痛的感覺，會在沒有察覺時擴展蔓延全身。肥胖、氣喘都屬慢性發炎造成重大疾病。

一旦肥胖、氣喘、牙周病，也會讓慢性發炎加速。肥胖會讓內臟脂肪增加，器官的血液循環不良導致發炎的物質分泌；氣喘是支氣管的空氣通道長期處於發炎狀態的慢性發炎；牙周病是從牙齒與牙齦之間跑進牙周病菌，產生發炎物質導致慢性發炎。

慢性發炎會在不知不覺中擴散全身，造成動脈硬化、腦中風、糖尿病、癌症等危及性命的疾病，可說慢性發炎就是疾病的元凶。人瑞慢性發炎的情況明顯少，意味著沒有重大疾病而能長壽，實際上也有數據指出一百歲以上的人瑞動脈硬化、糖尿病的罹患人數明顯較低。

慢性發炎會在沒有感覺的情況下擴散全身，聽起來雖然可怕，但抽血檢查就能檢測慢性發炎的程度，一般的健康檢查即可理解自身狀態，無須太過驚慌，而如果體內真的有慢性發炎的情形，新井醫師表示可透過簡單的飲食和運動改善。

以往提到膳食纖維，都會想到是改善便祕的良方，而如今有愈來愈多研究顯示它對於健康有許多好處，在這次的長壽調查裡，也發現膳食纖維與預防老化有著深刻的關聯！研究發現，健康的人都攝取相當多的膳食纖維，對於血管、腸子與大腦都有諸多好處！

四、膳食纖維防老化

現代人的飲食精緻化，根據臺灣癌症基金會統計，有百分之九十的國人膳食纖維攝取不足，與衛生福利部建議的一日攝取量二十五公克至三十五公克相比，男性每日平均僅攝取十三點七公克、女性僅十四公克，嚴重不足。

補充膳食纖維，吃什麼好呢？日本健康節目製作了膳食纖維防老化的專題！

（一）預防腦老化：高麗菜

至今的研究，大多認為大腦控制各個器官運作，包含腸胃，然而近期的研究發現，反而有可能是腸子控制大腦，也就是說大腦與腸胃之間有著緊密的關聯。如果腸道健康維持良好，能期待大腦老化機能降低的效果。

希望預防大腦老化，可以吃高麗菜。高麗菜含有大量的膳食纖維，煮熟後體積雖然變小，卻不影響膳食纖維的效果，比起其他膳食纖維含量高的食材，能夠更輕鬆的吃進較多的量！

（二）預防腸老化：牛蒡

膳食纖維能夠排除體內宿便，避免毒素囤積，還能成為腸道的好菌，幫助重整腸道環境。近年有研究指出，如果膳食纖維攝取不足，會讓腸道細菌在腸壁上開出孔洞，讓人變得容易生病！

由於人體的免疫細胞有六到七成是由腸道控制，養好腸胃可說是提升免疫、長壽的關鍵。牛蒡的水溶性和不溶性膳食纖維比例均衡，透過牛蒡攝取膳食纖維，是非常有效率的選擇，對於維持良好的腸道健康很有幫助。

（三）預防血管老化：茼蒿

茼蒿的膳食纖維豐富，還含有鉀，能排出體內多餘鹽分，能期待改善高血壓的效果。可以在吃壽喜燒或是火鍋時，和豆腐配著一起吃，讓血管更健康。

五、養成養生飲食好習慣

（一）Omega-3

一般人的日常飲食，更容易攝取到Omega-6脂肪酸。Omega-6具有調節代謝、促進免疫反應、強化凝血功能的效果，但含量過多時會引起發炎反應；而Omega-3脂肪酸則具正好相反的抗發炎效果，能夠預防血管堆積物的產生、減少心血管疾病。這兩種脂肪酸在體內會互相競爭，多數人的飲食都應增加攝取Omega-3，讓兩種脂肪酸維持一定的平衡，才能提升整體健康。

Omega-3多存在於亞麻仁籽、核桃、芥花油中，包括常聽到的EPA、DHA和ALA。EPA有助於降低血液黏稠度；DHA對腦部、心臟、神經系統和眼睛機能都有直接影響，ALA則能在人體內轉換成EPA和DHA。藉由增加攝取這些成分，能夠抑制發炎的物質產生，具有改善、抑制發炎反應及癌細胞生長的效果。

（二）鳳梨酵素

鳳梨酵素是由蛋白分解酶和一些醣蛋白組成，具有抗發炎、增強免疫、溶解血栓三大功效。鳳梨酵素能夠切斷發炎作用的傳輸路徑，減少過度的發炎反應，也能分解具止血效用的血纖維蛋白、降低血小板過度集結的作用，因此能夠減少血栓、抑制水腫。

（三）薑黃素

薑黃是咖哩中的橘黃色成分，其中的薑黃素更是對健康有益。天然薑黃素具有強效抗氧化力，比維生素C高二點七五倍、比維生素E高一點六倍，並具有抗發炎作用，能夠預防血液凝固，對於降血脂、抑制腫瘤、抗癌、預防動脈粥狀硬化都有一定效果，並能夠協助肝臟解毒。

（四）味噌

味噌的香氣飄蕩在空氣中，喝一口就能暖和身體，還有些人覺得飲用味噌湯可以放鬆心情，讓人有種懷念的感覺。已經可以算是日本代表食物的味噌湯，有研究發現，只要一天一碗，就可以擁有健康。根據共立女子大學的上原譽志夫教授所發表的研究，針對在東京都內醫院進行健康檢查的男性一百零二人所進行的調查結果顯示，不論平日有沒有時常飲用味噌湯，血壓幾乎沒有太大的差別。也就是說，雖然有許多人在意味噌湯的鹽分，但其實味噌湯的鹽分對血壓幾乎沒什麼影響，但也不宜過量以一天一碗為佳。

另外，從表示心臟到腳踝的動脈硬度的血管年齡指標CAVI值來看，五天內飲用三至五次味噌湯的群組，與五天內只飲用零至二次的群組及六至十五次的群組相比，其CAVI值較低，擁有健康柔軟的血管。

全國醫師及營養師共同推薦的健康食物前十名

	最健康食物	排毒功效	增強免疫力	抗氧化效果	促進代謝	舒緩壓力
第一名	糙米	地瓜	洋蔥	茶	檸檬	蓮子
第二名	洋蔥	海藻類	菇蕈類	葡萄	洋蔥	花生
第三名	地瓜	綠豆	胡蘿蔔	柑橘	南瓜子	乳酪
第四名	海藻類	地瓜葉	奇異果	番茄	核桃	核桃
第五名	蘋果	木耳	彩甜椒	南瓜	牡蠣（蕈）	香蕉

第六名	山藥	韭菜	山藥	芝麻	海藻類	黃豆
第七名	菠菜	香菇	優酪乳	枸杞子	鱈魚（葷）	豆腐
第八名	黃豆類	洋蔥	枸杞子	洋蔥	牛奶	紅豆
第九名	雞蛋	南瓜	木瓜	蘆筍	玉米	雞蛋
第十名	鮪魚（葷）	燕麥	高麗菜	茄子	鮭魚（葷）	柑橘

（五）每天散步三十分鐘

運動能夠控制體重、減少內臟脂肪，還能促進血液循環，讓營養輸送全身，抑制慢性發炎和預防動脈硬化。有數據指出，超過八十五歲的人，百分之七十有每天散步三十分鐘以上的習慣。美國聖地牙哥加州大學的研究指出，每天進行如健走三十分鐘等簡單運動，能預防DNA鍊末端的端粒（Telomere）變短，避免端粒變短造成的癌症、糖尿病以及心臟病風險。健走有時空限制少、裝備少、花費少的優點，走得對、走得好，還能達到有氧健身的效果，降低癌症發生率、改善並預防心血管等慢性疾病。同時走出戶外親近大自然，讓靈魂之窗透透氣，可舒緩現代人過度近距離使用科技產品帶來的眼睛疲勞。從最方便、最大眾化、最容易養成的運動開始，逐步建立健康的生活習慣，擁抱最無負擔的人生。

六、人生四要

記住以下四句話，並能實踐可以讓人生路上的腳步更輕盈。

（一）再難也要堅持

命運再苦，總有一天你回頭看時，早已是過往雲煙，風一吹就散了。

（二）再好也要淡泊

人生路很長，指不定最後誰輝煌，所以，你再怎麼好，再怎麼優越感，也要淡泊的面對生活、面對別人。

（三）再差也要自信

不管你有多差，也不能自卑、也不能放棄，相信自己的努力，堅持下去，我們每一個人都可以。

（四）再多也要節省

當擁有很多時，更要懂得生活，美好得來不易，再多也要節省，更要學會珍惜。

七、心頭無事一床寬

《增一阿含經》云：「不誹謗於人，亦不觀是非；但自觀身行，諦觀正不正。」傳統中國人立誓時會將「天地良心」說在前頭，只要一提到這句話就覺得非得慎重，不可褻瀆、不可違背、不可抗拒，表明天知地知，俯仰無愧，蒼天有眼，老天作證。

良心是人們的善良之心，即道德，是做事的底線，是評判人的標準。良心一詞，普遍出現在中國話語系統，「說話要憑良心」、「良心都叫狗吃了」等等，是一般人的口頭語；「人之初，性本善」、「惻隱之心，人皆有之」、「己所不欲，勿施於人」就進入更深一層探討與提升生命本質的階段。

有位老和尚，他有個愛抱怨的弟子，老和尚決定開導他。有一天，老和尚派這個弟子去市集買一袋鹽。弟子回來後，老和尚吩咐他抓一把鹽放入一杯水中，待鹽溶化後，喝上一大口。弟子喝完後，老和尚問：「味道如何？嘗到鹹味了嗎？」弟子皺著眉頭答道：「鹹得發苦。」隨後，老和尚又帶著弟子來到湖邊，吩咐他把剩下的鹽灑進湖裡，然後說：「你再嘗嘗湖水。」弟子彎腰捧起湖水嘗了嘗。老和尚問道：「什麼味道？」弟子答道：「甘純甜美。」老和尚點了點頭，微笑著對弟子說道：「生命中的痛苦是鹽，它的鹹淡取決於盛它的容器，這個容器就是我們的心量。」

所以，生活中雖有許多的痛苦和煩惱，但它不是我們生命的全部，它只是生命中的一部分。如果能把心量放大，心懷大局，關懷眾生，那麼痛苦和煩惱就不是生命的主流，只是我們生命中的調味品。

日本夢窗疎石國師：「青山幾度變黃山，世事紛飛總不干，眼內有塵三界窄，心頭無事一床寬。」星雲大師《星雲說偈》：「如果能袪除貪妄，做到心頭無事，處處不計較，時時能寬容，就可以心包太虛，量周沙界。就算你睡在方寸之小的床上，感覺也如法界之寬！」

俗諺：「頭頂天，腳踏地，人生全在一口氣；切記氣上有三記：嘔氣、賭氣、發脾氣；嘔氣只能氣自己，賭氣彼此更對立；拍桌打凳發脾氣，有理反倒變沒理。人生世上不容易，作賤自己多可惜；生氣生上一分鐘，六十秒鐘沒福氣；生氣生上一小時，六十分鐘冒傻氣；生氣生上一星期，傷了肝來害了脾。人生要想少生氣，幾件事項要牢記：小事小非莫計較，一眼睜來一眼閉；有人出語傷情面，未必全是有惡意；有人處事拂我意，想必有其難唱曲；有人仗勢把人欺，多行不義必自斃；有人誤解我蒙屈，豈有迷霧籠四季；有人背信把我棄，流水落花隨他去；有人優勢超過我，十指哪能一般齊。尺有所短寸有長，不去事事都攀比；人間美景未看全，哪有工夫生閒氣；心態順暢身體好，省下藥錢旅遊去。」

因此，說天地道良心，並非說與人知，而是自己要實行。世人往往礙於面子而不肯自責，這等於自絕於聖賢之路；只責備別人，並挑剔別人的缺點，這就傷了天地間的和氣。「寬以待人，嚴以律己」須有很大的勇氣、毅力。西哲云「最大的敵人是自己」，自己若能時常觀照心念的轉換，即是仁者無敵！

為什麼一個老闆再難也不會輕言放棄，而一個員工做得不順就想逃走？為什麼一對夫妻再吵再大的矛盾也不輕易離婚，而一對情侶常為一些小事就分開？你在一件事、一段關係上的投入多少，決定你能承受多大的壓力，能取得多大的成功，能堅守多長時間。有人說「偉大都是熬出來的」，為什麼用熬？因為普通人承受不了的委屈，你得承受；普通人需要別人的理解安慰與鼓勵，但你沒有；普通人用對抗和消極的指責來發洩情緒，但你必須看到愛和光，在任何事情上學會轉化、消化；普通人需要一個肩膀在脆弱的時候靠一靠，而你就是別人依靠的肩膀。

八、改變自己

選錄幾則經典的網路流傳故事和金句，以為期許。

（一）你受得了何種委屈，決定你能成為何種人

弟子問：

「師父，您有時候打人罵人，有時彬彬有禮，裡頭可有玄機？」

師父說：

「對待上等人可直指人心，打罵無妨，以真面目相待。

對待中等人最多用隱喻，對待講分寸，打罵不可行。

對待下等人要面帶微笑、雙手合十，只可用世俗禮節對待其脆弱的心性、狹小的心眼。」

你感悟了嗎？

（二）學習是改變自己的根本

不學游泳，老換游泳池也不能解決問題。

不學做事，老換工作更無法提升能力。

不學經營愛情，不斷更換男女朋友問題還是一樣。

不學經營家庭，重組多少次問題還在。

不學習的老闆，不會有長久的成功。

不學習正確養生，醫藥資源終究解決不了老病死生問題。

我們是一切的根源，想改變一切，先學習改變自己！

你感悟了嗎？

（三）一念到天堂，一念下地獄。你心在哪，成就就在哪！

你喜你愛的是你自己，你恨的，也是你自己。你改變心念，一切跟著改變。

你擁有的一切，都是你所打造的，你的世界更是由你創造。

你選擇成為陽光，你在的地方就充滿陽光；你選擇成為愛的發光體，你就生活在愛的氛圍裡；你選擇散播快樂，你就處在在歡樂笑聲裡。

同樣的，只有抱怨、挑剔、指責、怨恨，你就生活在地獄裡。

你感悟了嗎？

（四）人還是那個人，同樣的努力，不一樣的平臺和工具，結果就不一樣了

兩腳踩著自行車，一小時能跑幾公里。

一腳輕踏油門開汽車，一小時能跑上百公里。

閉上眼睛坐高鐵，一小時能跑三百公里。

吃著美味搭飛機，一小時能跑一千公里。

你體悟到了嗎？

（五）原諒他人，其實是昇華自己

南非前總統曼德拉曾被關押二十七年，受盡虐待。他就任總統時，邀請三名曾虐待過他的看守員到場，當曼德拉起身向看守員致敬時，在場所有人乃至整個世界都安靜下來。

他說：「當我走出囚室，邁向通往自由的監獄大門時，我已經清楚，自己若不能把悲痛與怨恨留在身後，那麼我仍在獄中。」

你體悟到了嗎？

誰都有自我的生命觀，誰也無法干涉誰，但只要能夠，要彼此感化，讓彼此的生命觀能夠開展；若是不能，也就放下，等待各自生命中的因緣。

祝福你我：

因為誤解，發現微笑是素養；因為委屈，發現坦然是大度；因為吃虧，發現豁達能開心；因為無奈，發現達觀是境界；因為危難，發現泰然是大氣；因為輕蔑，發現平靜是自信；因為失去，發現放下是灑脫。

人的一生，是累劫福德因緣造就，要能學習佛法了解緣起法，隨緣消舊業，莫再造新殃。珍惜學佛因緣，契入真理實相，但也理解隨緣盡力，等待福德資量具足，自然成道證果。

九、養生十要

1.面要常擦：能使容顏光澤，故要常擦。道家謂之修神庭。

2.目要常揩：每靜時能常閉目，用兩大指背，兩相磨擦，揩眼使去火，永無目疾，故要常揩。

3.耳要常彈：即鳴天鼓。可免耳患，故要常彈。

4.齒要常叩：齒喜動，故要常叩。

5.背要常暖：肺系近背，暖則不受風寒，故要常暖。

6.胸要常護：胸即心窩，故要常護。

7.腹要常摩：歌云：食後徐行百步多，手摩臍腹食消磨，故要常擦。

8.足要常搓：搓腳底湧泉穴，能去風溼，健步履，故要常搓。

9.津要常咽：常取津液滿口，汩聲咽之，能宣通百脈，故要常咽。

10.睡要常曲：仰面伸足睡，恐失精，故宜側曲。

十、四效養生祕方

蘇東坡《東坡志林》記載相傳戰國時期有一個養生祕方，其藥四味：「無事以當貴，早寢以當富，安步以當車，晚食以當肉」，短短幾句切中要害。

所謂無事以當貴，無非是要我們保持良好的心態，大事、小事，處之以平，如此即可獲得「貴」。貴在這裡是廣義的，與人相處「和為貴」，心態平和則五臟關係和暢，同樣為貴。

至於早寢，乃順自然之意，若長期熬夜，會虧耗身體精血而有損壽命。很多疾病都與精血虧耗有直接的關係。如老年中風，相當一部分患者是精血過於虧耗，從而導致陰虛陽亢，加之外來生氣、動怒等誘因而發病。

《黃帝內經・素問》：「心之合脈也，其榮色也，其主腎也。肺之合皮也，其榮毛也，其主心也。肝之合筋也，其榮爪也，其主肺也。脾之合肉也，其榮脣也，其主肝也。腎之合骨也，其榮髮也，其主脾也。」

惜緣的人，很能「捨」。捨得捨得，不捨則不得，捨了「自我」，才能換得「善緣廣結」。

境由心造，緣由心結。有什麼樣的心就造出什麼樣的世界；有什麼樣的心也就結了什麼樣的緣。善緣也好，惡緣也好，孽緣也好，原來都是自心的投影。

要怎麼收穫，就怎麼栽吧！

第四節　佛理

一、無生無滅、不遷不變真實心

「無常迅速，生死事大」，生死是人生的大患，生死流轉的根源就是煩惱。煩惱指一切能汙染、易擾亂有情身心的精神作用。煩惱之所以會造成生死過患，根據《成唯識論‧卷八》：「生死相續，由惑業苦。發業潤生，煩惱名惑，能感後有諸業名業，業所引生眾苦名苦。」眾生因為迷惑事理而造作惡因，所種下的業因種子再經過煩惱惡水的滋潤，就會產生巨大的負面力量，招感苦澀的惡果，逼惱眾生的身心。

從生到死，有人活得認真、充實；有的人卻活得痛苦、無奈。差別在「明」與「無明」的人生境界。明者「溫厚」、「寬容」；無明者「自私」、「糊塗」。潛意識雖嚮往某種境界，但是眾生的無明卻使這種境界無從開顯，甚至因無明已然太深導致自身墜入痛苦的深淵，無法自拔。

《法華經》七喻之一的火宅喻：「一切眾生，皆是吾子，深著世樂，無有慧心，三界無安，猶如火宅。眾苦充滿，甚可怖畏。常有生老病死憂患。如是等火，熾然不息。」經文中的火，比喻五濁、八苦等；宅，比喻三界。謂三界之眾生為五濁、八苦所逼迫，不得安穩，猶如大宅被火所燒而不能安居。長者比喻佛陀，以種種方便來引導眾生出離火宅。

《楞嚴經》：「汝負我命，我還汝債。以是因緣，經百千劫，常在生死；汝愛我心，我憐汝色。以是因緣，經百千劫，常在纏縛。」你欠我命，我還你債，種種因緣經百千劫都在生生死死中；你我互相憐愛百千劫中，因緣業力纏繞不清。經文裡，如來對阿難說：你與我情誼深厚，你在發心求無上智慧之時，在我的佛法現示之中，見到了什麼美妙景象，能使你當下捨棄世間的深重恩愛？阿難告訴如來：那時我看到如來之身有三十二種無上美妙之相，其形體澄澈透明如水晶一般。我思量，這樣的美妙之相一定不是因愛欲而生出。為什麼呢？因為色欲之氣粗濁不堪、腥臭交織、膿血雜亂，不能生出這等明淨無瑕聚集光明的形體。我無限期望崇仰，所以跟隨如來出家修行。如來說：多好啊！阿難，你應該知道，一切眾生長久以來淪入生死的相接相續，都是不知道無生無滅、不遷不變真實心的緣故。

心的本性明淨光潔，但如果用於種種妄念，則妄念皆會顛倒不真實，眾生就在生死煩惱中流轉不停息。

二、自然和人類的調和與共存

說明人的業因種子和煩惱之後，再進入自然的議題，自然與人類是同根一體，清淨的大自然可孕育出高貴的心靈，故諺云：「地靈人傑」，所以保護自然環境不被汙染是刻不容緩的事。

被譽為日本佛教學泰斗的鎌田茂雄教授，參加佛光山所舉辦的國際學術會議專題演說，題目為「東洋的自然觀——自然和人類的調和與共存」，鎌田教授表示：愛自然，將自然與人融合在一起，是中國佛教的精神特色，此時有必要把中國傳統佛教再發掘，再重申其理念。契合太虛大師、星雲大師等大德所提倡的人間佛教。當教授做專題演說時，我擔當即席翻譯，深覺其內容合乎現代人間佛教的精神，寓佛法於天地萬物、大自然之中，特將此演說摘錄如下：

美國的宇宙飛行士（太空人）拉塞爾・休瓦卡特在一個講演會中，講了一段話：「從宇宙看地球，地球是一顆閃閃發亮的星球，而我們都是生活在這美麗星球中的一分子，我們感受到無數生命的尊嚴。雖如此，但人們卻常因國境、民族、觀念體系等的不同而產生種種藩籬，使我感到難過。」

從宇宙望地球，地球就好像一艘地球號宇宙船。在這星球中，進行著民族間的紛爭，過著憂心核子戰爭威脅的生活，可以想像這是多麼愚痴的事。現在，加上環境汙染對地球產生破壞，又是一個新的威脅，幾項嚴重的事態正在發生，比如：臭氧層的破壞、沙漠區域日趨擴大、地球的溫度漸趨上升、酸性雨所造成的災害、熱帶雨林被破壞、海洋的汙染、有害廢棄物所造成的災害、野生動物的減少等等。總而言之，大自然正在被摧毀。

地球自誕生以來，已經過了四、五億年，在這漫長的歲月，形成了一個自然調和的生態環境，但一百年來，地球的生態環境逐漸被破壞。對人類的生存而言，維護地球的原貌是首務，如果蝴蝶的飛舞、鳥的叫聲不再，表示人類的生存也岌岌可危了。

現今熱帶雨林遭受大量砍伐，大自然被破壞的速度相當驚人。過去二十年間，平均每一分鐘約有三十八點六平方公尺面積的熱帶雨林消失。東南亞的馬來西亞、印度尼西亞，南美洲亞馬遜河流域等地森林的亂開發，何時才能停止？東洋古諺「山高非為貴，以有樹而為貴」值得人類深思。

生長在日本屋久島的屋久杉，有些樹齡已高達七千歲，仍生長繁茂，人自有文明以來已有三千年的歷史，七千年是三千年的二倍，對大自然有如此強的生命力，不得不驚歎歡喜。

人類開發自然，利用科學技術而有了今日的現代文明，今後的時代，其行進的趨勢，應是人們與自然的共存、與自然的調和。為了尋求這樣的理念，對於東亞的自然景觀，尤其是佛教的自然觀，必須重新加以認識。

（一）中國佛教的自然觀

東晉時代，《法華經》的譯者，鳩摩羅什的弟子，也就是著名的《肇論》作者，僧肇（公元三八四年—四一四年），於《涅槃無名論》言道：「天地與我同根，萬物與我一體」，意謂山川草木、動物、人類皆出於同一根源。僧肇此萬物一體觀，是來自《莊子・齊物論》的思想。這句話以佛教的立場再加以詮釋，是到了唐代華嚴宗祖師清涼澄觀，在其著作《華嚴經疏》卷五十說道：「真如與我同根，法性與我一體。」把僧肇的「天地」易以「真如」；「萬物」改以「法性」，然而內容可說是相同的。在華嚴教學裡，真如和法性意味著天地理法之道，是在揭示此道和天地的根源是一體。

又宋代《續傳燈錄》卷二〈東坡居士章〉裡有悟道偈：「溪聲盡是廣長舌，山色無非清淨身」，溪水的聲音是佛在說法，隨著四季遷移的山色是佛清淨的法身，這是從大自然認知佛的存在，是在顯示自然和人類源出一體。

我到過中國長江流域的廬山、黃山，遠遠眺望名為觀音峰、毗盧峰等的山峰，隱隱約約的從白雲濃霧中顯現出來，感覺是如此神祕，山峰形狀也彷彿是佛身的再現。我曾登過四大靈山之一的九華山，是地藏菩薩的聖地。位於主峰天臺峰的地藏寺，為和俗界有所區別，被稱為「中天世界」，寺前的岩壁刻有「非人間」三字，正意味著該處是神仙世界，不是凡人居所。從地藏寺的萬佛樓往下望，有千丈深的溪谷、香爐峰、鐘峰、鼓峰等隱伏其中，當下感覺光風霽月，體證我與自然源出一體。四川省峨眉山是普賢菩薩的道場，在華嚴頂、萬佛頂等山頂上聳立著觀音岩、長壽岩等奇岩，山中以萬年寺為始而有仙峰寺、中峰寺、雷音寺、伏虎寺等佛教寺院，整座山彌漫著佛教聖地的氣氛，可以說，山色本身的自然即是佛化身之顯現。

（二）日本佛教的自然觀

跟隨中國如淨禪師學佛有所悟的日本曹洞宗始祖道元禪師，他承襲蘇軾的自然觀，說道：「峰色谷響皆是釋迦牟尼佛的聲音和姿態。」主要著作《正法眼藏》〈谿聲山色〉卷裡有詩偈：「因溪聲山色之功德，大地有情同時成道，有諸佛見明星悟道……。」以先前所述的蘇軾悟道偈為本，說明谿聲是如來轉法輪的音聲，山色是如來的清淨法身；又以「春有花，秋有月，夏有子規，冬有雪」吟詠日本的四季分明，自然景觀變化的美。

首創念佛舞的日本時宗開祖一遍上人云：「有情眾生，山河草木，風聲浪潮，無一不是念佛音聲。」他的出生地瀨戶內海是又美又靜之地，站在岸邊聆聽浪潮聲彷佛是一句句的念佛聲，又像是從太古傳來的搖籃曲。對嬰兒而言，母親的歌是佛曲，母親安詳且充滿慈愛的擁著嬰兒的形相是佛國、是淨土，是我們內心祈求的和平世界。一遍上人把鳥鳴、風聲皆視為念佛的音聲，又說「欣賞花色、月光，心中無所牽掛」，從其詩詠中可知其心境已和自然融合成一體。

鎌倉時代，開創日蓮宗的日蓮上人在〈草木成佛口訣〉云：「草木皆成佛」；又《法華經》云：所有的人皆可成佛，真正的佛是遍一切處。草木皆是佛，意在說明自然界的草木皆是佛的顯現。

日本的江戶時代，報德教的創始者，二宮尊德歌云：「無聲亦無臭，常於天地間，書無字真經。」「經」不是用文字寫成，「經」是渾然天成於天地間。宇宙、天地、大自然即是經典，如何閱讀這部無字真經？二宮尊德說：「閉上肉眼以心眼來讀；肉眼所見有限，心眼所視無限。」以心眼來看大自然，自然可讀通無字真經。

日本人繼承中國人的自然觀，他們生活在美麗的國土、大自然的懷抱中，所道出的「山川草木，悉皆成佛」，正足以表現日本人的自然觀。

（三）心淨則國土淨

自然和人類是同根，是一體，站在此東洋自然觀的立場，人類和自然調和、共存，無論如何是必行的，也是必須的。若人類不以和自然共存共榮為目標，人類很快就會步上滅亡之道，我們應該知道，自然所能提供給我們可利用的資源極為有限。

日本的首都東京，無計畫的急於邁向都市化，導致人口激增，綠地幾乎消失殆盡，而被稱為沙漠東京。但就在這樣的東京都內，皇宮以及明治神宮廣大的區域內仍留有一大片自然的青綠。明治神宮的森林區並非自然生長而成，是集合全國各處獻來的十萬株樹林而成的人工林。這個人工林的樹木如今鬱鬱蒼蒼，如同自然林一般，凋落的落葉也成為護林的天然肥料。所以，人們只要有愛護大自然的心，人工林都能變成自然森林。

來到二十一世紀，是人類必須以愛心來正視科學與自然的時代。要以維護地球清淨，積極保護自然生態環境不受汙染、不被破壞為使命。日本政府相當重視此議題，過去發表的新聞提到，二〇〇一年度將在「國立環境研究所」新設「地球環境中心」，是專門從事地球環境之研究為要務的機構。

關於環境保護的問題及其重要性，如今透過大眾媒介不斷的被提起。事實上，政府也好，大企業也好，最重要的是每一個人的心中，都要對環境保護有共識；確定文明是建立在人類和自然共存的基點上，這樣的共識，是人類文明提升的最重要指標。

三、心淨則國土淨

論說到此，不禁思考，世界為什麼這樣紛亂？人類為什麼如此不安？為什麼人身為萬物之靈卻不懂得愛護大自然？究其根柢，必有病源。根不固而求木之繁茂，源不足而求水之流長，是絕對無有是處，因此人心不安、世事紛亂乃根源於人心自私自利、投機取巧。所以國父孫中山說「夫國者人之積也，人者心之器也」，國之好壞，不在客觀器世間的好壞，而在主觀的人心好壞。所謂心是功之魁，罪之首。如一把刀，用得當即有功，用得不當即有罪；又如手能救人也能害人，拳頭捶背很舒服，拳頭打人痛不可支。手的舉動、刀的運用，是由心來指揮，一切言行舉止，也是同樣的道理。

由上述可知，心才是萬物的主宰。說遠一點，不但世間法由心所主宰，出世間法亦是由心所創，故《華嚴經》云：「應觀法界性，一切唯心造。」是故欲謀世界和平，必先淨化人心。如《維摩經》所云：「心淨則一切國土皆淨。」

如何淨化人心呢？佛教的立場認為唯有守五戒、行十善（不殺生、不偷盜、不邪淫、不妄語、不綺語、不惡口、不兩舌、不貪、不瞋、不痴）、信仰因果道理，才是人們運行、得失、富貴的尺度。因果，足能使人除卻不正的思想，規範行為的善惡；世間有一人能信因果，就有一人能夠行善，國家自然少一個壞人，多一個好人；家庭裡，若每個人都能深信因果法則，不昧因果，人類心理自然會改變，向善而行。唯有世間人人守法、行善，才能使我們享受到真正自由的生活，過和平、幸福的日子。

第五節　笑談人生的故事

一、〈佛說蜜蜂王經〉故事

分享一則佛典故事〈佛說蜜蜂王經〉，這個故事出自《六度集經》。

有段時間，佛在舍衛國祇樹給孤獨園，告訴弟子們：「應當勤精進聽聞、讀誦，不要懈怠而被貪欲、瞋恚、疑、昏沉睡眠、掉舉惡作等五蓋所遮蔽。我回想過去無數劫時，有佛出世，名為一切度王如來，無所著、正等正覺，經常為無數的一切天眾、人民講經說法。

大眾中有兩位比丘，其中一位名叫精進辯，另一位名叫德樂正，一起聽聞經法。精進辯比丘聽法後心生歡喜，立刻得到不退轉，神通具足；德樂正比丘因昏睡沒有醒覺，一無所獲。

精進辯比丘對德樂正比丘說：『佛很難遇得到，經過億百千世才有一位出世！應當以廣大精進作為一切的基礎，怎可以昏睡？睡眠是五蓋的過失之一，當自我勉勵、警覺醒悟。』德樂正比丘聽了精進辯比丘的教導，便立刻起來經行。在祇樹之間才經行沒多久又睡著，就這樣煩躁不安。來到泉水邊靜坐思惟，但一坐下又睡著。

精進辯比丘想以善巧方便度化德樂正比丘，於是幻化成一隻蜜蜂王，飛到德樂正比丘眼前，像要叮咬他一樣。

德樂正比丘被嚇醒，害怕這隻蜜蜂王於是身體坐正，可是沒多久又睡著。這時，蜜蜂王飛到德樂正比丘的腋下，咬了德樂正比丘的胸部、腹部。德樂正比丘心裡非常恐懼，就不敢再睡了。

一旁有泉水，周圍開著優曇花、拘文花，鮮豔潔淨。蜜蜂王飛到一朵花上吸食花蜜，德樂正比丘端坐看著蜜蜂王的動靜，害怕蜜蜂王飛回來而不敢睡著。蜜蜂王吸食花蜜，一直待在花苞裡，過了不久蜜蜂王睡著了，一不小心掉進汙泥，清潔身體後又飛回到花上。

德樂正比丘於是便對蜜蜂王說了一段偈頌，意思為：

『吸食美味的花蜜讓身體得以安穩，難道不應拿些花蜜回家給妻兒？為什麼會掉進汙泥自己弄髒身體！這樣非常沒有智慧，還敗壞美味的花蜜。而且這樣的花也不適合久待，日落之後花苞就會閉合，想要出來都出不來。一定要等到日出放光明花再開放，才能從花中飛出。漫漫長夜弄得一身疲憊，多麼辛苦啊！』

蜜蜂王也回應了德樂正比丘一段偈頌，大意為：

『佛法就像甘露，怎麼聽都不會滿足；不應當懈怠，懈怠對一切沒有益處。墮入地獄、餓鬼、畜生、人、天等五道生死海，就像墮到汙泥一樣，被愛欲纏繞，沒有智慧而沉迷顛倒。日出時所有的花開放，就好像佛出世，色身住在世間；日落時花又閉合，就像世尊圓寂，色身入滅。能遇上如來出世，應當廣大精進領受教法，祛除睡眠等五蓋，不要以為佛會經常在世。佛法的奧妙在智慧，不在色身的因緣；有智慧的人，應當了解以色身示現只是一種善巧方便。善巧方便度化眾生，真實有利益而功不唐捐，示現這樣的變化，也是為了一切眾生。』

德樂正比丘聽了蜜蜂王的說法，立刻得無生法忍，理解一切法性，才明白精進辯比丘是以善巧方便度化他。此後，德樂正比丘時常獨自經行不懈怠，不久證得不退轉地。」

佛告訴阿難：「當時的精進辯比丘就是現在的我，德樂正比丘就是彌勒菩薩。那時我與彌勒一起聽經聞法，彌勒時常睡覺，一無所獲。假使我當時不以善巧方便救度，彌勒現在仍在生死中不得解脫。聽聞到這段佛法的人，應當時常精進，廣大勸勉一切眾生能祛除睡眠，累積光明智慧的資糧。」

如果我們被貪愛纏繞，沒有智慧出離，即會墮入五道之中，常在生死輪迴。太陽升起，花朵盛開，比喻佛陀出世，可花並不是經常開著啊！日落花又會閉合，比喻佛陀入滅。

能遇到佛陀出世，非常難得，不要誤以為佛法經常在世，慢慢來沒有關係，其實不是這樣。我們有緣能夠遇到佛法，就應該好好的精進修持，不要再貪睡！

佛法的奧妙在智慧，不是在色身。我們想要見佛，不是只用肉眼見到佛的色身，應該用智慧見到佛的法身，這才是真正「見法即見佛」。

二、無語禪師的故事

五月的第二個星期天是母親節，也是國家所訂定的佛誕節。在這特別的節日，全世界的佛弟子都在舉行浴佛大典，慶祝偉大佛陀的誕辰。我也在這個特別的日子受邀到義守大學為學子們講說佛陀的故事，並在禮堂中舉行浴佛儀式。將講演內容分享讀者：

《華嚴經》云：「爾時如來以無障礙清淨天眼，觀察一切眾生，觀已作如是言：奇哉！奇哉！云何如來具足智慧在於身中而不知見！我當教彼眾生，覺悟聖道，悉令永離妄想顛倒垢縛，具見如來智慧在於身內，與佛無異。」

一草一木、一花一葉，一切眾生皆與佛同體，慈愛的關懷與寬容的心胸能使沉默的花草和凶猛的牲畜感應臣服；只因心、佛、眾生等無差別，萬物皆具佛心，皆與佛同體。

人要成長，須先自我教育，能認清自我，方能自我突破。放眼今世對自我有絕對自信的人少見，因人皆有迷惑。在處世待人接物中，如何判別是非？如何不為冷暖世情所惑、所誘、所動？須仰賴「佛心」來指引迷途！

學佛道，學自己也！

學自己，忘自己也！

忘自己，證萬法也！

世俗人的凡心俗智能力有限，唯有用諸佛菩薩的「佛心無邊」來看待世間事物，人生才能無憾、無誤！

佛和眾生本為一體，其差別只在於所顯現的形狀不同罷了！

中國，鎮江有位禪師，有一段時期修禁語法門，每有人問法，皆以手勢回答，解與不解，盡在不言中，隨各人智慧各得其境。

有天，禪師外出，徒弟童心未泯，就坐在禪師常坐的禪床上，模仿其師閉目端坐的樣子。正自覺得意時，門外來了一位雲水僧，他見一出家人正身端坐於禪床上，很虔誠恭敬的禮拜後問道：「請問，什麼是佛？」徒弟茫然，只有東顧西盼。又問：「什麼是法？」徒弟只得上看下看。再問：「什麼是僧？」徒弟索性閉目不睬。雲水僧似乎相當滿意所得到的答案，又問：「什麼是修習佛法之道？」徒弟只是伸出雙手來，仍是不語。雲水僧似有所悟，心滿意足的走出禪房。適逢禪師自外歸來，雲水僧不識，以為是和自己同路的，便歡喜的告訴他：「這位禪師真是得道高僧，剛才我向他求法，我問什麼是佛，他東顧西盼，當是說人有東西，佛無南北；我問什麼是法，他上看下看，表示法本平等，無分上下；我問什麼是僧，他閉目不語，點醒我：白雲深臥處，本是一高僧。我問修法之要，他伸出手來，是以慈悲的雙手接引眾生的意思啊！真是一位精通佛法的禪師，已臻明心見性之境！」

禪師聽完後也不加解釋，微笑進入禪房，徒弟仍坐著，唯一臉憂戚，一見師父回來，急忙從禪床下來，報告剛才發生的事。徒弟說：「剛才那位雲水僧來問道，我緊張得說不出話來，他問什麼是佛，我東看不見您回來，西張望亦無有蹤影；他問什麼是法，教我上天無路，入地無門；他問什麼是僧，我無可奈何，只好裝睡；他問修法之要，我自覺慚愧，一無所知，還做什麼出家人？不如伸手去向人家討飯當叫化子也罷！」說到此，眼淚不禁掉了下來，禪師慈愛的撫其頭，以手勢告訴他，佛法無邊，雲水僧已心滿意足，得道而返！徒弟正想追問，禪師卻又是微笑不語。

星雲大師說：「如果你心中有佛，眼睛所看到的都是佛的世界，耳朵所聽到的都是佛的聲音，嘴裡說出來的都是佛的語言，身體所感受的都是佛的真理。每一個人心中有佛，有宗教信仰，這個世界將會更美好！」

「佛法無邊際，萬法唯心造」，心是真、善、美的心，看一切萬物也是真、善、美。普願眾生將凡心轉成佛心，心心相應，佛佛相契！

三、什麼是氣？

有一個小男孩很喜歡發脾氣，一發脾氣就亂丟東西亂罵人。有一天他的父親告訴他，當你發脾氣的時候，就到圍籬那邊，拿一根釘子把它釘下去吧！釘著釘著你就忘了要生氣了。這個小男孩每發一次脾氣，就真的拿著榔頭把釘子打下去，當他釘到第四十五根釘子的時候，他發現釘釘子的時候既費勁又費時，有時候還會打到自己的手，實在得不償失，後來他再也不發脾氣了。

從前，有一位婦人常為一些雞毛蒜皮的小事生氣，有一天他去找一位高僧求教，高僧聽完他的講述，把他領到一間靜室然後落鎖而去。婦人氣得破口大罵，罵了許久，高僧也不理會，婦人開始哀求，高僧還是置若罔聞，過了一會兒，婦人終於沉默。

高僧來到門外，問他：「你還生氣嗎？」

婦人說：「我只為我自己生氣，我怎麼會來到這個鬼地方受這種罪？」連自己都不肯原諒的人，怎麼能心如止水？高僧拂袖而去。

過了一會兒，高僧又問：「還生氣嗎？」

婦人說：「不生氣了。」

「為什麼？」

「氣也沒辦法啊！」

高僧又離開了。

當高僧第三次來到門前時，婦人告訴他：「我不生氣了，因為不值得氣。」

高僧笑道：「你還知道值不值得，看來心中氣的根還沒有袪除。」

當高僧的身影迎著夕陽立在門外時，婦人問道：「大師，什麼是氣？」

「你看。」高僧將手中的茶水傾灑於地，婦人視之良久！頓悟！高僧為他打開了門，婦人淚如雨下，叩謝而去！

我們的生命就像高僧手中的那杯茶水一樣，轉瞬間，就和泥土化為一體，光陰如此短暫！生活中一些無聊小事又哪裡值得我們花費時間去生氣呢？

我們在生活中，都有過為瑣事生氣的經歷，無非是為了爭高低、論強弱，可爭來爭去，誰也不是最終的贏家。

活著一天，就是有福氣，就該珍惜！當我們哭泣自己沒有鞋子穿的時候，卻發現有的人沒有腳可穿鞋。

四、師父上人的身教與言教

出家四十幾年，師父的身教與言教給予我很大的加持與鼓勵。師父積極培育人才，實現人間佛教的理想，使佛法與生活融合成一體，把精微深奧的佛法落實於生活，扎根於人間。他的思想行跡，高瞻遠矚；做人處世，事理圓融。如作家郭嗣汾先生所言：「我對星雲大師的敬重，除了他在弘揚佛教事業方面的卓越成就外，我更敬重他有一份寬恕，容忍和自我犧牲的精神，以及一份崇高的理想，這不是一般人所能具有和企及的。」

（一）民國六十六年在佛光山求受三壇大戒，一個月的戒期，使我深深體會到，作為一個出家人是何等的崇高尊貴和不容易！有那麼多的戒律要奉持，那麼多的規矩禮儀要學習，更重要的是，如來家業的重擔等著我們去負荷、去身體力行，若沒有一顆堅強的道心，一股堅毅不拔的力量，及忍辱負重熱誠受教的信願，怎能得到無上清淨的戒體去做弘法利生的事業呢？

戒期中，得戒和尚以「如何做好一個出家人」為題開示，我獲益良多。他說：「身為一個出家人要自尊自重，要發菩提心上求佛道下化眾生，對佛教事業要熱誠，對學識要深研，對修行要能體證，要將身心奉塵剎。對自身能做到去傲慢受委屈，勤作務惜福報，有熱忱愛佛教，起信願真修行，改習氣養威儀，除嫉妒寬心量，離譏嫌遠世俗，勤學習為度眾，要節儉能知足，應該自制不放逸，莫爭論勿怨恨，淡親情求內證。能如此才能做好一個出家人。」這一席話，真如醍醐灌頂，聽得我恍然大悟。事實上，不僅出家人要如此，凡是學佛者皆應如此，甚至可作為一般社會人士修養品德的方法。大家若都能做到，則人與人之間，只有和諧沒有爭執，到處呈現的是安和樂利的景象，世界大同的理想就指日可待。

（二）記得在日本留學時，師父上人帶著師兄長們到日本開會，我也隨侍在旁，當時日本沒有分別院，所以在飯店住宿。早餐時間，師父說他不餓，要我拿著他的餐券和師兄們一起吃早餐。當時我以為師父真的不餓，事後長老師兄才告訴我，因為我沒有住在飯店，所以沒有早餐券，師父是忍著飢餓，把早餐讓給我。經過一個晚上，半夜沒有點心，早上怎麼可能不餓呢？感謝慈悲的師父，那是弟子生平第一次吃到如此豐盛又營養的一餐，永生難忘的一餐！師父的關懷、照顧，弟子一直難以忘懷，溫馨、營養到現在。感謝、感動、感慨……非語言文字所能表達！

（三）民國七十四年九月廿二日，師父為建立佛教界以制度代替領導，使佛教今後能走上民主化的管理模式，不顧大家的挽留，毅然堅決的辭退「宗長」之位。這位以身作則、遵循法制的仁者，他就是佛光山的開山大師——星雲上人。

大師在退位大典上說：「退位不是退休，和尚不能退休，師父也還是師父，今後我將以更多的時間和大家相聚，為大家服務，仍和大家在一起。」又提到他之所以堅持退位，依法傳缽，除了想專心弘法、著書、立說之外，強調四點：一、法治重於人治。二、不是非我不可。三、退位不是退休。四、加強新舊交遞。

師父以觀音菩薩的慈悲、文殊菩薩的智慧、地藏菩薩的願力、普賢菩薩的實行，作為他創舉佛教學院的理想宗旨，作為他建設佛光山為人間淨土的精神表徵；而師父的思想行誼，更是這四大菩薩精神的具體實踐。

師父不求自利，處處種樹，予天下人作蔭涼的胸懷，是崇高無上救世精神的顯露。他愛國不後人、愛教不讓人，視眾如子女，包容異己如家人；他以仁者之心，發智者之言，成就勇者之行，面對興教報國，普濟蒼生的偉大宏願，他從不疲倦，從不灰心。巍巍仁者，好生、不憂、行義，於是人間佛教理念長流五大洲。

五、小和尚的故事

一天，一個小和尚跑過來請教禪師：「師父，我人生最大的價值是什麼呢？」禪師說：「你到後花園搬一塊大石頭，拿到菜市場上去賣，假如有人問價，你不要講話，只伸出兩個指頭；假如他跟你還價，你不要賣，抱回來，師父告訴你，你人生最大的價值是什麼。」

第二天一大早，小和尚抱塊大石頭，到菜市場上去賣。菜市場上人來人往，人們很好奇，一個婦人走了過來，問：「石頭多少錢賣呀？」小和尚伸出了兩個指頭，婦人說：「二元？」小和尚搖搖頭，婦人說：「那麼是二十元？好吧，好吧！我剛好拿回去壓酸菜。」小和尚聽到心想，我的媽呀！一文不值的石頭居然有人出二十元錢來買！我們山上有的是呢！

於是，小和尚沒有賣，樂呵呵的去見師父：「師父，今天有一個婦人願意出二十元錢買我的石頭。師父，您現在可以告訴我，我人生最大的價值是什麼了嗎？」禪師說：「嗯，不急，你明天一早，再把這塊石頭拿到博物館去，假如有人問價，你依然伸出兩個指頭；如果他還價，你不要賣，再抱回來，我們再談。」

第二天早上，在博物館裡，一群好奇的人圍觀，竊竊私語：「一塊普通的石頭，有什麼價值擺在博物館裡呢？」「既然這塊石頭擺在博物館裡，那一定有它的價值，只是我們還不知道而已。」這時，有一個人從人群中冒出來，衝著小和尚大聲說：「小和尚，你這塊石頭多少錢賣啊？」小和尚沒出聲，伸出兩個指頭，那個人說：二百元？」小和尚搖了搖頭，那個人說：「二千元就二千元吧！剛好我要用它雕刻一尊神像。」小和尚聽到這裡，倒退了一步，非常驚訝！

他依然遵照師父的吩咐，把這塊石頭抱回了山上，見到師父便急忙的說：「師父，今天有人要出二千元買這塊石頭，這回您總要告訴我，我人生最大的價值是什麼了吧？」禪師哈哈大笑說：「你明天再把這塊石頭拿到古董店去賣，照例有人還價，你就把它抱回來。這一次，師父一定告訴你，你人生最大的價值是什麼。」

第三天一早，小和尚又抱著那塊大石頭來到了古董店，依然有一些人圍觀，有一些人談論：這是什麼石頭啊？在哪兒出土的呢？是哪個朝代的呀？是做什麼用的呢？終於有一個人過來問價：「小和尚，你這塊石頭多少錢賣啊？」小和尚依然不聲不語，伸出了兩個指頭。「二萬元？」小和尚睜大眼睛、張大嘴巴，驚訝的大叫一聲，那位客人以為自己出價太低，氣壞了小和尚，立刻糾正說：「不！不！不！我說錯了，我是要給你二十萬元！」二十萬元！小和尚聽到這裡，立刻抱起石頭，飛奔回山上去見師父，氣喘吁吁的說：「師父，師父，這下我們可發達了，今天的施主出價二十萬元買我們的石頭！現在您總可以告訴我，我人生最大的價值是什麼了吧？」

禪師摸摸小和尚的頭，慈愛的說：「孩子啊！你人生最大的價值就好像這塊石頭，如果你把自己擺在菜市場上，你就只值二十元錢；如果你把自己擺在博物館裡，你就值二千元；如果你把自己擺在古董店裡，你值二十萬元！平臺不同，定位不同，人生的價值就會截然不同！」

看完故事是否啟發了我們對自己人生的思考？你將如何定位自己的人生呢？你準備把自己擺在怎樣的人生拍賣場拍賣呢？你要為自己尋找怎樣的人生舞臺呢？

小和尚負責寺院落葉的清掃，每天要花費很長的時間才能掃完。有人對他說：「你打掃前用力搖樹，把落葉統統搖下來，明天就不用打掃了。」小和尚覺得很對，就高興的照辦，可第二天院子裡如往日一樣滿地落葉。小和尚思忖著，無論今天怎麼用力，明天的落葉還是會飄下來……。小和尚心底忽然像清掃過的地面，明白不要對超過道理之外的事充滿企圖，生活在每一個當下，珍惜每一個當下，才能累積經驗、創造未來。

六、寄宿家庭的故事

小王作為交換生，前往柏林貝塔・蘇特納進行了為期一年的學習。由於小王是家裡的獨子，出國前，父母十分憂心小王的安全，爸爸經過多方探詢，找上住在德國柏林的好友鐘斯，懇求他做小王的寄宿家庭媽媽。到德國後，小王便暫住在鐘斯阿姨家。鐘斯阿姨在德國做生意，家境富裕。他有個小兒子，叫盧瑟，十五歲，就讀於貝塔・蘇特納中學。盧瑟心地善良且開朗活潑，閒暇時常帶小王外出遊玩，很快就成了好朋友。週末，盧瑟準備帶小王參觀博物館。

早上，吃完早餐，鐘斯阿姨按照慣例給盧瑟發零用錢。他先給盧瑟三十歐元，再對小王說：「你是我們家的貴客，今天阿姨就提前支付給你五百歐元，但這些錢會從你以後的勞動中一一扣除。」

「啊！不會吧！還要靠做家務賺零用錢？」小王驚奇的問。

「哈哈，是的。你剛到這不久，以後就會知道德國與中國的不同了。」

怎麼才給盧瑟這麼點兒？小王心裡一陣嘀咕。

盧瑟似乎猜出小王的心思，拉著小王出了家門，在路上解釋：「這週我陪你到處玩，沒做什麼家務，能夠拿這點錢，媽媽已經格外開恩了。」

遊玩回來已是晚上，小王感覺很累了。誰知，盧瑟剛到家就繫上圍裙，到廚房裡去洗碗。

小王驚詫的問：「你這麼累了，還要洗碗？先去睡覺，明天再洗吧！」

「不行，洗碗是我的工作。要是不做，我就要受處罰。」

「為什麼？」小王不解的問。

「在德國，孩子從六歲開始就必須幫忙家務，這是法律規定。我們要是拒絕做家務，父母就會上法院起訴我們。再加上，我要有零用錢就必須勞動。」

「那樣子的話，你不是很累嗎？」小王擔心的問道。

「有點累。不過，難道你父母工作掙錢的時候不累嗎？」盧瑟反問道，「既然父母幹活也累，我們怎麼可以怕累呢？」

聽完，小王的臉頓時就紅了。因為平時小王在家，可說是小皇帝，飯來張口、衣來伸手，從不做家務。

翌日，鐘斯阿姨在餐桌上說：「從這週起，盧瑟負責清洗餐具、收拾房間、外出購物和擦洗全家人的鞋子；小王剛來德國，只要週末負責為花園裡的各種植物澆水、翻土以及擦洗汽車就好了。」

然而，週末一向是小王的懶覺日，轉眼到了週末，小王將鐘斯阿姨分配的任務忘得一乾二淨，等到起床時，已經臨近中午。午餐時，鐘斯阿姨並沒有指責小王，只是默不作聲的吃著飯。見狀，小王心想：可能他不會計較的，畢竟我是他們家的客人嘛！從那以後，接連幾週，小王都沒有碰過家務，連之前偶爾幫助盧瑟的熱情都沒了。盧瑟每次見小王睡到太陽晒屁股了才起床，似乎想對小王說些什麼，卻又欲言而止。終於，讓小王驚詫的事情發生了。

那天，小王在教室上課，一個穿制服的叔叔來找小王，對小王說：「因為拒絕做家務，現在你受到了法院的傳喚，將面臨長達十頁的指控。」

聽到這個消息，小王嚇得差點暈過去。雖然，小王只是寄宿在鐘斯阿姨家，但也好比是他的孩子。對於不願意做家務的孩子，德國父母真的會向法院告訴，以求法院督促孩子履行義務。最終，小王去法院領回了一張五百歐元的罰單，並寫下了保證書。

見小王滿臉愧色的回到家，鐘斯阿姨安慰道：「你不要見怪，我去過中國，也知道你們中國父母的想法。他們認為，不讓孩子做家務是愛孩子的一種表現。可是，在我們德國人眼中，這卻是害孩子。我們認為與其讓孩子做寄生蟲，不如教給他們勞動的技能，這樣他們長大之後才能有出路，才能找到自己的飯碗。」

儘管德國父母有些做法「不近人情」，但的確目光長遠，畢竟薄技在身，與其讓自己的孩子將來做寄生蟲，不如現在就養成勞動的好習慣。

假如臺灣的父母能改變對孩子的溺愛，學習歐洲人的教育方式，相信我們的下一代的心理成熟度會更好，能夠踏實負責的面對自己的人生。不過，對孩子教育前必先教育好自己，以身作則最能得到效果。

七、成就別人

窮人問佛：「我為何這樣窮？」

佛說：「你沒有學會給予別人。」

窮人：「一無所有，如何給予？」

佛：「一個人一無所有也可以給予別人七種東西：顏施：微笑處事；言施：說讚美安慰的話；心施：敞開心扉對人和藹；眼施：善意的眼光給予別人；身施：以行動幫助別人；座施：即謙讓座位；房施：有容人之心。」

成就別人，生命最美。窮人立時懂了，從身口意逐漸改變，也慢慢增加了生活中各種善好因緣。

美國海關有一批沒收的腳踏車，在公告後決定拍賣，拍賣會中，每次叫價，總有一個十歲出頭的男孩以「五元」開始出價，然後又眼睜睜的看著腳踏車被別人用三十、四十元買去。拍賣暫停休息時，拍賣員問小男孩為什麼不出較高的價格來買。男孩說，他只有五塊錢。

拍賣會又開始了，小男孩還是每次都以「五元」起價，當然最後還是被別人競走。慢慢的，聚集的觀眾開始注意到那個總是首先出價的男孩，愈來愈多的人對男孩的低價競標產生濃厚的興趣。

拍賣會快結束的時候，只剩一輛最棒的腳踏車，車身光亮如新，有多種排檔、十段桿式變速器、雙向手煞車、速度顯示器，和一套夜間電動燈光裝置。這無疑是一輛難得的好車！

拍賣員問：「有誰出價？」

站在最前面，而幾乎已經放棄希望的小男孩還是站起來，堅定的說：「五元」。此時拍賣會現場一片寂靜，所有人屏住呼吸，小男孩靜靜的站在那兒等待結果。

這時，所有在場的人全部盯住這位小男孩，沒有人出聲，沒有人舉手，也沒有人喊價。直到拍賣員唱價三次後，他大聲說：「這輛腳踏車賣給這位穿短褲白球鞋的小伙子！」

此話一出，全場鼓掌。那小男孩歡呼著舉上那皺巴巴的五元鈔票，得到了那輛毫無疑問是世上最漂亮的腳踏車，臉上流露出人們從未見過的最燦爛笑容。

在我們的生命當中，除了「勝過別人」、「壓過別人」、「超越別人」之外，我們能否可以「成就別人」，值得深思！

學會佛的教法，布施給予，人生過程就會很精采。

八、一個銅錢的故事

有個年輕人，因家境貧寒，輟學回家照顧體弱多病的雙親。他雖然年少，但是，他做什麼都很專心，比如：他看景時，不走路，因為會分心，所以他專心觀景，盡情的欣賞；他走路時，不看景，只觀路，因為忽略了腳下就容易摔跤。有一天，他走在路上，如同以往專心觀路，卻因此撿到了一枚銅錢。

在他走過花園時，聽花匠們說口渴，他有了想法。他當下就用這枚銅錢買了一些茶水送給花匠們喝。花匠們喝了非常感激，便一人送了他一束鮮花。他得到這些花，路過集市的時候，把花分送給愛花的人，於是，得到花的人非常感激他，每人給了他一個銅錢，於是，他擁有了八個銅錢。

一天，一陣狂風過後，果園裡到處都是被狂風吹落的枯枝敗葉。

年輕人對園丁說：「我願意幫助你們把果園打掃乾淨，這些斷枝落葉能讓我拿回去做柴火嗎？」

園丁很高興：「可以，可以，你都拿去吧！」

年輕人撿柴火時，附近有一群小孩為了爭搶幾粒糖在鬧彆扭，於是，年輕人用這八個銅錢買了一些糖果，分給這群玩耍的小孩，並機會教育孩子們，小孩們非常感激他，看見他一個人正在撿柴火，於是，紛紛幫他把所有的殘枝敗葉撿拾一空。

年輕人正準備把這些柴火拉回家的時候，走過來一位幫大戶人家做飯的廚工，廚工說：「這柴火很好，燒火不冒煙，我們東家有哮喘病，最怕煙了。」

年輕人聽後，說：「那您拿去吧！」

廚工說：「怎麼可以白拿呢？」於是，廚工付了十六個銅錢拿走這堆柴火。

年輕人拿著這十六個銅錢，心想這麼多的錢，可以做好多善事，於是，他想在自家不遠處開個茶水攤，正值炎熱的夏季，路人們都很口渴，一來可以廉價的賣點茶水貼補家用，二來可以免費給附近五百個割草的工人提供茶水，解決喝水問題。於是，五百個割草工人，每天都向他點頭微笑，並豎起誇讚的大拇指。

不久，一個路過的商人也停下來喝水，當商人聽附近的人們說：這個年輕人真傻，不僅茶水賣得便宜，而且，還天天在這裡免費給割草的工人供應茶水時，商人露出了讚許的目光。商人告訴年輕人：「明天有一幫馬販子帶四百匹馬要經過你這裡，你多準備一些茶水吧。」聽了商人的話，年輕人想，這麼多馬匹，肯定要吃草的，於是，他把這個意思對割草的工人說了，於是，每位割草的工人都很慷慨的送了他一捆草！就這樣，年輕人有了五百捆草。

第二天，馬幫隊伍來了，在茶攤歇腳，看到這麼多的好草，於是，便提出要買，年輕人說：「這些草，我沒有花錢，你們需要就拿去吧！」馬幫們笑笑，喝完了茶，便丟下了一千個銅錢，拉走了年輕人的五百捆草。

幾年後，這個地方出了一位遠近聞名樂善好施的大富豪！

故事很簡單，年輕人的成功不是偶然，因為他具備了善根和慈悲心。他明白要想得到就一定要付出；他明白大地不生無用之物，斷枝落葉也可以為眾生所用；他明白成就一件事情，眾生的力量不可估量；他更加明白掌握機遇的人，才是成就事業的人。

我們每個人都夢想成功，而且機緣就在我們面前，財富就在我們身邊。但，有的人卻抱怨財運不佳；有的人卻埋怨社會不公；更有的人甚至怪罪父母無能！

其實，我們真正缺乏的正是先人後己的無我心；缺乏的是先捨後得的慈悲心；缺乏的是珍愛大地萬物的惜福心；缺乏的是當下就行、就做的實踐行動。

第六節　星雲大師語錄

星雲大師於《佛光教科書》提到對生的看法；《佛光祈願文》有〈為新生兒祈願文〉，摘錄以下，供參考：

「生死是眾生最大的煩惱，也是輪迴的根本，更是每個人必經的過程，包含老、病，在人生八苦之中即占了一半。佛法教我們要認識生死，就是要我們改變消極的看法，透過修持，以正確的態度面對生死、處理生死，乃至解脫生死，才能真正擁有幸福的人生。

一、生命的寶貴

生命，是由父精母血以及業識的因緣和合而來。在《修行道地經》中，詳述有胎兒的發育過程及處於母體時的種種苦處，然而《雜阿含經》則以『盲龜浮木』來形容人身的難求難得，是以人間佛教的主張是鼓勵將為人母者及其家庭，應以健全的身心做好準備，珍惜並迎接新生命的來臨。

1.孕婦飲食要正常，食用營養豐富的食品，避免刺激性的食物。

2.若遇身體不適，避免自行服藥，應以醫生處方為主。

3.定期產前檢查，接受醫護人員的衛教指導。

4.生活正常，避免過度勞累，充分休息。

5.適當運動，注意安全，避免提拿、搬移重物或攀登高處。

6.平日行立坐臥可常念『觀世音菩薩』聖號，在〈觀世音菩薩普門品〉中記載：設欲求男，便生福德智慧之男；設欲求女，便生端正有相之女。這是非常不可思議的胎教。

7.常行布施、慈悲、愛語等，可讓心地更加柔軟，有益於胎兒的成長。

8.懷孕期間應當保持樂觀合群的心情，並可參加寺院共修或當義工，擴大生活的範圍。

9.胎兒出生後，母親應充分補給營養，避免殺生，忌吃刺激性食品。

10.胎兒出生後，可請法師為其皈依或命名。」

二、〈為新生兒祈願文〉

「慈悲偉大的佛陀！
我虔誠的告訴您：一個新的生命誕生了！
我兒○○來到了人間，祈求在您的加被之下，
孩子無災無難，身心健康；孩子晝夜吉祥，平安長大；
孩子聰明慧解，學習無礙；孩子福德具足，眾人喜愛。
慈悲偉大的佛陀！
請您賜給孩子幸福的果實，但也可以給他少許的挫折和磨鍊；
請您賜給孩子快樂的花園，但也可以給他少許的荊棘和草叢；
請您賜給孩子榮耀的獎勵，但也可以給他少許的考驗和擔當；
請您賜給孩子佛法的信心，但也可以給他應有的精進和忍耐。
請讓孩子要有感恩他人的付出，請讓孩子要有慚愧自我的反省，
請讓孩子要有培養回饋的美德，請讓孩子要有正知正見的信仰。
慈悲偉大的佛陀！

希望他將來在家庭裡，能成為一個誠信孝順的兒女；
希望他將來在學校裡，能成為一個尊師重道的學生；
希望他將來在工作裡，能成為一個勤奮謙讓的君子；
希望他將來在佛教裡，能成為一個護持三寶的信徒。
慈悲偉大的佛陀！
祈求孩子在您佛光的照耀之下，
乖乖巧巧地長大，平平安安地生活。
讓孩子不被虛榮矇混，讓孩子不被聲色迷惑。
慈悲偉大的佛陀！
祈求您的加被，
當孩子在挫敗的時候，請您給他信心和勇敢，
不要讓他傷心和嘆息；當孩子在困頓的時候，
請您給他智慧和力量，不要讓他悲哀和失望。
佛陀！慈悲偉大的佛陀！
這一點心，希望能遍及三千大千世界；

這一個願，希望能達於無量際的未來。
這個幼小的生命啊！千萬不能讓他失落天真的本性，
這個幼小的生命啊！千萬不能讓他失落善美的真情。
慈悲偉大的佛陀！
請您垂慈納受弟子真摯的祈求。」

生・的・省・覺

第二章

老而怡然

第一節 生理

二〇一七年底臺灣邁入高齡社會，六十五歲以上老年人口高達三百五十萬人，老化速度世界排名第二。我們真的準備好面對老化了嗎？人生最後一哩路，我們如何走得有尊嚴？政策「長照2.0」，真可以完善照顧我們的老年生活？相較日本早已完善的在宅醫療服務，剛起步的臺灣政府政策仍有待檢視和調整。

依據國發會估計，臺灣的超高齡社會將在二〇二五年來臨，老年人口將會超過總人口的百分之二十，也就是每五人當中就有一名老年人。在日本，同樣有「二〇二五年問題」。日本戰後出生的第一代，即一九四七年至一九四九年出生的「團塊世代」，到了二〇二五年將從七十五歲以前的前期老年，一起跨入七十五歲的後期老年，集體讓日本變得更老。「團塊世代」一詞，也成為日本新的專有名詞，列入「新語時事用語辭典」。

但老了就要進入老苦的生活嗎？近來流行一句話——「樂在八十後，酷老時代來了！」老年生活並不是活著等死，而是要懂得樂活人生、安享晚年。隨著歲月增長，髮白皮皺，體力衰退，舉動言行均不能稱心如意，稱為「老苦」。老苦為老年人所周知，動則氣喘如牛，長期面對精神衰退、齒牙動搖、飲食無味，感受體態逐漸彎曲、行動不聽使喚，身心全面不便的老苦隨身。紫柏大師有言：「白髮從來不怕人，侯王頭上曉霜新。」

一、何謂老苦

二〇〇八年十一月十五日《人間福報》有一篇可以讓人感受老苦的文章，不妨閱讀後加以體會省思。

〈老苦是……〉

「**名人說**：

少年易老學難成，一寸光陰不可輕。——朱熹

少年休笑白頭翁，花開能有幾時紅？——中國諺語

年輕的時候，日短年長；年老的時候，年短日長。——中國諺語

老而無識，較之少而不學，尤為痛苦。——培根

一個人無法不變老。但是他可以抵制衰朽。——塞繆爾

你能永不變醜、永不變老，許多精神修養到家的人雖然老了，看上去只是鶴髮童顏，一點也沒有衰敗的樣子。——露薏絲・海

老之苦，年輕的人尚且不能體會，但是觀察那些老人，老態龍鍾，耳也聾了，眼睛也昏了，也花了，動作也不靈了，處處需要人照顧，這是老之苦啊！西方極樂世界，沒有八苦，壞苦、行苦都沒有……我們稱之為極樂。極樂國度凡聖同居土中無有此苦，帶業往生之人，這些苦已經永遠離開了。我們世間人無法避免的老苦，極樂國度那裡不老，青春永駐，長生不老，得自在之樂。——淨空法師

讀者說：

髮蒼、齒搖、視茫、重聽，老苦之小也。失依、失能、失憶，老苦之中也。貧、病、孤、寡，老苦之大也。身勤保養、心常喜樂、忘年又忘憂，老可不苦矣。（花蓮　周明樹）

老苦是人生八苦之一，苦的原因諸多例如：體弱多病不能遠行、子女不孝等，若在健壯時好好保養身體、節約用度積存安養基金、有自己的宗教信仰並妥善規畫自己身心靈歸宿，則年老時就多一分安定護照及生活目標。（沙鹿　童淑慧）

老苦是少年不努力，老大徒傷悲的寫照，有的人仗著年少氣盛，一味的揮霍，殊不

知想要享受，浪費大半青春歲月，到頭來也只有飽嘗先甘後苦的最糟後果。（沙鹿　林金益）

老苦是生命實相，任何人都無可避免，老來身心承受疾病、無常的無奈。身體本生、老、病、死四大假合終歸法則。如能以豁達的人生觀坦然面對一切因緣，把畢生豐富的經驗閱歷化為智慧的傳承留潤法界，萬緣放下隨緣放曠，轉老苦為喜樂，晚年即能臻於生命的圓滿。（新化　蔡榮宗）

老苦是「生命機器」用久了，自然耗損病痛頻仍，深感落寞，擔心身後不知將歸何處。老苦也是契機，不是人人都能體驗的生命歷程，可以信仰為依皈，修心養性，領悟身是苦本、觀心無常，擺脫我執，活出長者的智慧與尊嚴，為人生譜寫善終的完結篇。（高雄　觀滄）

老苦是是世間無常的實相，人生八苦逼迫之一，是十二因緣流轉的未來果，如何「知苦斷集」？唯有「慕滅修道」。（花蓮　張群）

我們每一天都正在一步步的老去「千人千般苦，苦苦不相同」，應真正體認到生命的無常，進而追尋佛所說的離苦之法，誓願離苦歸向極樂蓮邦，那兒無有眾苦但受諸樂。（宜蘭　朱鴻森）」

衰老豈能對抗？老年當說可遇不可求，只有敬畏生命，才能坦然面對老年的退化。退化是正常，時時注意血壓、血糖、血脂、體重，反而造成心理負擔，反而可能因此身心交互影響而徒增苦惱。

現代醫學不斷達臻新領域，能夠防治許多疾病和減緩疼痛，但老化的軀體面對過度的治療，得到的將是無尊嚴、無意義的生命。

人生苦短，一歲是短，半百是短，百歲還是短。人生，是幸運和遺憾的無常往復，有生必有死。生老病死，乃是常情。

二、從容的老去

老年之福，在隨遇而安，樂活在當下，能夠真正體會生命走到目前是恰到好處。長壽是福，但前提是須能生活自理，不然長期麻煩他人照料，就會逐漸失去尊嚴。

老去的階段，生命質量應當是最重要的追求。兒女不再是第一位，生活能自立，就是善盡最大責任，子女的安心來自父母的幸福健康！佛說：父母給孩子愈多，孩子的福報愈少。

我們常聽聞「優雅的老去、體面的老去」，前者講究文化素養，後者依賴物質支撐。但還是心平氣和從容的老去吧！這任何人只要願意，就能做到，也最貼近每個生命的需要。根據最新公布，全世界人平均壽命為七十三點五歲，中國人平均壽命八十上下，女性高於男性。要真正過好日子，得認真盤算，以求盡可能少留遺憾。以下建議請參考：

1.趁著有體力，去非常想去看看但還沒有去過的地方。

2.把還擁有的熱情用在完成一件件埋藏心頭已久尚未實現的事情吧！

3.埋藏心底的故事，若想有人聆聽，趁著心智和口語清楚，找個機會講出來。

4.該記下來的事，就形諸文字。別擔心不會，我手寫我口就可以。

5.生命中有哪一段情感需要理一個明白，就去做，或許就一句話或一個動作，就能釋放自他，帶來祝福。

6.延長健康保固期。身體器官必須要動，但面對老化記得「省著用」，這是好好活著的準備金。

7.享受隨心所欲、順其自然、隨遇而安不踰矩的快樂。

8.學習從主觀為自己挪出更多比例主觀為別人。在未來的日子，可能須仰仗許多人的支持與協助。

這些話絕不消極，是積極。許多意外的狀況常會在老年後不約而來，並降低幸福指數。多思考再加以行動，讓人生多些圓滿，少點遺憾。

三、老人風景

《文匯報》曾刊登周大新〈為天黑以前的風景鋪一層溫暖的底色〉一文，深刻描寫人老化後必須面對的心境與社會，摘錄以下：

「米蘭．昆德拉有句話：『老人是對於老年一無所知的孩子而言。』很多老人並沒有做好面對老年的準備，以為這段路與以前走過的童年、少年、青年、中年路段沒有太大的不同，但他們不知道，雖然路面還是原來的路面，但此段路的沿途風景與以往走過的相比，已相去甚遠。

人從六十歲進入老境，到天完全黑下來置身黑暗世界，這段時間裡有些風景應該被記住，記住了，就會心中有數，不會慌張。

第一種風景，是陪伴身邊的人愈來愈少，必須學會獨自生活和品嘗孤獨。

第二種風景，是社會關注度愈來愈小。得學會安靜的待在一角，欣賞後來者的熱鬧和風光，而不能嫉妒抱怨。

第三種風景，是前行路上險情不斷，得學會與疾病共處，帶病生活，視病如友，不要再幻想身無一點疾病，想重新生龍活虎是不可能的。

第四種風景，是準備在床上生活，重新返回幼年狀態。經過人生無所不能的奮鬥，最終還要回到人生原點——床，去接受別人照料並準備騎鶴遠遁。

第五種風景是沿途騙子很多。對此得提高警惕，捂緊錢包，別輕易上當，把錢用在刀刃上。

天黑之前，人生最後一段路途的光線會逐漸變暗且愈來愈暗，自然增加了難走的程度。這就需要一束束光照亮，這種愛之光的光源不外乎三類：

一是他人，包括老人的親人。

二是社會，包括政府和慈善組織。

三是老人自己，每一個老人經過一生的歷練，在心底都積聚或多或少的愛意。

三處源頭釋放的愛意交匯後，發出一種華彩之光。為人生最後一段路途鋪上溫暖的底色。這或許能幫助老人們順利走到生命的終點，再換乘另外的交通工具，無悔的進入另一個世界。」

第二節 心理

一、心念的能量

人一轉變心念，德行就出來，因緣也跟著不同，生活與遭遇就會逐漸順利，也就是人們常說的運氣變了。

可知，人要倚賴的是自己心中的正向能量，由己心出發，進而推己及人、利己利他，必有福氣，這是再昂貴再奢華的衣著和化妝都無法裝扮出來的。

有言道：「相由心生，境由心轉。」不要不信善惡因果，天地乾坤有理有知，心生一念，必有報。

我們的樣子，就是累積我們過去的選擇而成就的，今日的好好壞壞，莫將責任推給別人。人生從來不容易，好比一場修行，練就一顆柔順、堅韌的心。你的身要如樹，值得依靠；口要如茶，言語可以善誘人；意要如風，對待人事物有過客的心理準備。一切境界都會出現在生命裡頭，過了就遠觀放下，如何能不清淨？幸福自在的修行就會逐漸圓滿。

付出多少給自己給他人，回應就會顯現在生命裡，你為自己認真，把最好的給予別人，得到的會成正比。少點欲望，多些淡然，將會活得真實且自在。

二、分別善惡的心念

在安靜的湖面，投下一顆石子會生出漣漪和發出聲響。我們的心湖也是同理，投下善的念頭、惡的念頭，都會有回應，而分別善惡的心念，是我們的「第六意識」。

第六意識，就是思想、見解或潛在意識，在我們的心理活動中占相當重要的位置。西洋哲學中，將第六意識看作是能把握客觀對象的心機能，廣義來說，就是我們的所有經驗，原始的感覺和高度的思考，都納入其中，意思是第六意識也包含前五識的作用。好比聽經聞法，耳朵聽到說法音聲是耳識在作用，眼見佛像莊嚴是眼識在作用，但藉著聞法，了解佛教的教理、知善惡皆有報，而生出警惕心，就須倚賴第六意識。又如看風景照，照片是平面的，但腦海影像卻知道有景深，有立體畫面，這同樣是第六意識在作用。

《維摩經》云：「若菩薩欲得淨土，當淨其心，隨其心淨則佛土淨。」八識田中，第六意識的分別心最強，世間事物經由第六意識判別，各種感覺立現，分別心同時起作用。所以，個人得失、家庭興衰、事業成敗、社會風氣、國家振頹等，無一不繫於第六意識一念的轉變，吾人不能不慎。

已故故宮博物院副院長李霖燦，曾在雲南麗江民俗調查。一日，李先生見到有戶人家在辦喪事，一位手挾貝葉經卷的老者在念經，忽然間悟到生死真義。老者所念經文的大意：「在無量河上流，有三位富女人，他們擁有滿篋的金銀財寶、成群的騾馬。有天，他們發現頭髮竟已發白，才知即將面臨老死。他們聽過有個麗江的城市什麼都有賣，於是結伴到麗江買壽。繞了幾回，只見到處賣金賣銀，卻沒有賣壽。他們又聽聞大理是個更大的都市，什麼都買得到，結果去到那裡，只見賣吃賣喝，哪有人賣壽！他們又得知昆明這個最大的繁華都市，人間需要的，無一不有，那知繞了又繞只有賣絲綢錦織，沒人在賣壽。三個富女人放聲大哭決定回家，走到昆明碧雞關，歇上一歇喝碗茶，回頭望向昆明城，只見來時滇池的大柳樹綠意盎然，如今已是黃葉萎凋。三個富女人突然大悟，樹木都會枯朽凋亡，人如何可排除在外？心頭悲戚立時放下，帶著輕鬆的微笑回家！」

喪家的哭泣聲，在念經聲中漸漸平歇，李先生也感受到一陣平和由心生起，想著眾生平等，生與死，不過就是自然界的運轉常態，無須深究，在生活、環境的細微處及淺近處，就能輕易體解。

人都有自我的偏執，李先生通過聽到的經文有了通達的生命觀，我們如何淡然面對榮華富貴、窘迫堅苦，以及生老病死的無常？這一層的體會，就是第六意識的作用，竟然如此重要，我們就要正確的認識它，妥善的引導它，把握好每個念頭，保任這一期的生命，也為來生做準備。

第三節 調理

一、邁入老年階段，怎麼辦？

以下四個要點請參考，祈願每個人都能掌握：

（一）把握時間

歲月進入倒數，要把握！規劃好老年用度後，食衣住行育樂，能夠享用的就放心享用，不要太為孩子操心和承擔，也無須孩子來操煩，讓生活輕鬆愉快。孩子若有心照顧，也不用太過拒絕，或許這能讓他們安心，有剩餘也可替他們留存一些錢。但，終究得依靠自己，最為實際。

（二）保持健康

生活上能不需要他人協助最好過。年紀漸長，體力精神反應都會慢慢變差，保養身體以維持健康，就相當重要。此外，防噎、防跌等也要注意，慢一點、緩一點，就能夠更長時間保持健康狀態和生活自理。自主生活能讓老年生活更有尊嚴。

清・徐文弼在《壽世傳真》提出養生十忌，值得施行在生活中。

1.忌早起科頭（不戴帽子）：早晨陽氣初生柔弱，人易受到寒邪侵襲。陽氣性質為往上，人體頭部是陽氣匯聚處，晨起出門注意頭部保暖，可防寒邪侵頭部。

2.忌陰室貪涼：現代人的住家並不一定保證有陽光，夏天更倚賴空調，若人不外出接觸陽光，長時間待在氣溫較低的房間，寒邪容易入體表誘發疾病。

3.忌溼地久坐：溼氣不能直接進入體內，但人與外界能相互感應，溼是一種滯緩之氣，感應到體內，也會發生一樣的狀況，生成溼邪，切記勿在潮溼的環境停留過久。

4.忌冷著汗衣：氣溫低的時候，運動勞動一樣會出汗，雖然汗水可能馬上乾掉，但衣服卻變得溼冷，此時的皮膚毛孔也因流汗打開，抵抗外邪能力降低，寒溼可能乘虛而入，最好出汗後及時擦汗並換掉衣物。

5.忌熱著晒衣：久晒之衣有熱毒，這是較誇張的強調，衣服晒得有熱度，不至傷害身體，但罹患熱病的人，就要注意，盡量保持清爽舒服為宜。

6.忌出汗搧風：風為諸邪之首，不知不覺就挾帶溼寒侵入人體。大熱天，拿扇子適當搧涼無妨但氣溫不高或大量流汗後，過度使用風扇冷氣，或貪冰涼飲洗冷水澡，愜意完可能就入了風邪！

7.忌燈燭照睡：順應時辰及陰陽，能讓生理時鐘正常以維持身心的健康，光線屬陽，天黑入睡就應當避免燈光。以現代醫學來說也是，入夜當睡應睡，環境同時配合，比如關燈睡，褪黑激素分泌量會較多，生長激素、血清素等等也會受到影響，這些跟內分泌、自律神經和許多的身心狀況有關聯性。

8.忌子時房事：陽氣初生是在子時，即半夜二十三時至一時，此時應靜眠讓陽氣萌發，天明後精神才飽滿。

9.忌夏月涼水抹席，冬月熱火烘衣：在臺灣這並不多見，但有其背後的意義。酷夏和大量運動後，不要立即且過度使用冷氣和冰水；冬天的暖氣使用也要適當，室內室外相差太大，會讓身體調節功能出現狀況，貪涼貪暖都會造成免疫及代謝功能出狀況。

10.忌久觀場演劇：靜息安神對於調節自律神經很有益，也讓生命有機會回頭凝視身心狀態。科技時代網路和影音世界讓人眼花撩亂，甚至生活中都可以每天排滿滿的活動，沉迷其中或不留些時間給自己和家人，身體、心理、人際久而久之會出現失衡狀況。

（三）調整心態

事前準備很重要，大多數人雖然不願意，但最後仍逃不過要人照顧這一關。這時心態很重要，若能預先設想調整，會比較容易適應。

生老病死人都會經歷，不如坦然面對。最好的結果是無疾善終，若不是，最後一哩路不管是在醫院，或進養老院、居家養老，若和家人事先有商量有準備，彼此的身心與經濟負擔都不會那麼沉重，也會多了最後坦然相處和輕鬆面對的生活時光。

（四）保有自己

誰都可能面臨疾病纏身無法治癒、意外、突然往生等狀況，趁著頭腦清醒，好好規劃生也規劃死。比如年老身體極差更影響生活質量時，可以和家人討論選擇勇敢面對死亡，無謂的搶救，徒增痛苦和浪費，更是可能讓自己陷入被宰割而無法阻止的狀態。

老了，指望誰？唯有自己。有家有伴有健康很重要，有好的心態正向面對老苦，更重要！

備。

二、變老前的準備

「凡事豫則立，不豫則廢。」老後生活是生涯規劃一部分，不想日後憂苦，就及早準備。

（一）老而健

身體的營養、機能的保養、心靈的修養樣樣注重，內外兼修能讓老後生活更輕鬆愉快且有長者風範。

（二）存老本

養兒不一定可養老，任何人都要清楚認知，加上兒孫新組家庭會帶來的彼此適應問題，兒孫的經濟負擔也更重，所以要為人生存下退休金及安排使用規劃。

（三）有老居

若和兒孫同住感到不方便、不自在，選擇老來獨居或老夫妻獨自生活，也不失為好方法。在喜歡的地方，食衣住行育樂就醫覺得可以，就去做，然後好好養老！

（四）交老友

老後，可能有伴侶也可能孤身一人，但都要走到戶外，參加活動和結識朋友都能延緩退化，並讓生活有樂趣、有目標。

（五）老得幽默

網路上流傳一則採訪笑話——「大家都要活下去」，很短卻充滿意思。希望大家看完對老後不擔憂，一起笑著活下去。

巴基斯坦影壇老將雷利出席一個晚會，他鬢髮斑白，手拿枴杖步履蹣跚的上臺。

主持人問：「您經常去看醫師？」

「是的，常常。」

「為什麼呢？」

「因為必須有人常去看醫師，他們才活得下去！」臺下掌聲熱烈，對雷利的樂觀和風趣喝采。

主持人又問：「您會常常向醫院藥師請教藥物如何使用嗎？」

「當然，我常常詢問藥師各種藥物的使用方法，他們也得賺錢好生活啊！」臺下掌聲如雷。

「您常常使用藥物嗎？」

「可沒有，我是常常丟掉藥物，因為我想活下去！」滿場哄堂大笑。

主持人接著說：「謝謝您接受採訪！」

雷利回答：「不用客氣，你也要活下去！」

臺下笑聲爆棚！

最後問：「您還常常在社群網路群組裡聊天嗎？」

這個老人很正經的回答：「是的，我還想在群組裡活下去！不常常露個臉聊聊天，大家會以為我死了，我可會被踢出去。」

（六）老得平常心

再一則網路新聞，裡頭能感受到好的身心狀況和面對人事的態度，能夠為長壽帶來正面的影響。

住在南非開普敦市郊的老人弗雷迪・布洛姆，慶祝一百一十四歲生日時與往年不同，不僅有家人朋友鄰居，還有西開普省社會發展部長弗里茨和多位媒體記者。

「這麼多人來看我，我感到非常榮幸，我想我會變成為名人。」

布洛姆看到特大蛋糕，滿臉洋溢著笑容。切好蛋糕，他把第一塊送進老伴吉婭美特的口中，然後才開心享用，溫馨的畫面為現場帶來不停的掌聲。八十五歲的吉婭美特，和布洛姆一起生活超過半世紀。

布洛姆如此高齡卻精力旺盛、神智清楚，只有聽力較差，看來是八十多歲的模樣。他說起長壽之道：「只要孝敬父母，上天就會給你長壽。」

吉婭美特說布洛姆面對一切都保持平常心，欲望淡薄、生活簡單，每天堅持走上一段路。布洛姆年老退休後自製了小車，到處蒐集木材，販售後幫助家用，維持一樣的勤奮生活。

（七）老要隨順因緣

「老先生真有福氣，夫人很美麗。」

老先生：「謝謝您。年輕的時候，我以五千元向丈人買了我的太太，只是借用借用。」

「買的？借的？」

老太太嘟著嘴說：「別胡說，是明媒正娶的！」

老先生只是微笑。

「有正式結婚，太太是您娶的，怎說是借用？」

老先生笑得豁達說：「起初我們都不認識，透過媒人往返多次才走入婚姻。但深入想想，人間的一切真是都用借的，夫妻、家產、兒孫、軀殼等等，都是有緣則聚，無緣則去，萬事萬物我們沒有所有權！人身，總有一天會衰敗；夫妻兒孫，緣深緣淺，能讓我們牽手相伴多少年？錢財地產更禁不起天災人禍的無常，有什麼真的能長長久久呢？隨順因緣最是好，無牽無掛無煩惱！」

因緣聚散，真的能讓我們較易看清人生喜怒哀樂的意義，破除我們因為執著人事物而讓心憂苦。得失之間，讓情緒牽動整個日常生活作息，最終會影響人生的趣向。

人生不要執著，該認真就努力做去，該珍惜就用心把握，該行善就盡所能布施。

看緣起緣滅，當下用盡全部心力，然後就讓它過去。我們喜歡的，總是念念不忘；討厭的，則唯恐揮之不去，心於是被綑綁住！要學習覺察紛飛的念頭，練習在珍惜和放下之間，平衡自己。

心是變化無端的，緣分深淺也是，前世來生不必多想，專注在今生，用一顆慈悲心好好祝福自他，隨順因緣也改變因緣。

（八）老祖母的人生哲學

有位居士分享一段飛機上的故事：

登機坐定後，窗邊瘦小的老太太，專注的用iPad玩撲克牌遊戲，起飛不久，他倚著窗睡著了。

空服員送來飲料，老太太醒來輕聲說：「番茄汁，一點點冰。」我轉告空服員，自己點了同樣一份。老太太說：「番茄汁不太甜，但零食餅乾太多糖了。」我點頭稱讚他有養生意識，老太太說：「凡事多用點兒心，有好處，這是我九十六歲的經驗。」我驚訝的看著看來只有七十來歲的老太太！

老太太獨自旅行，途中轉機拜訪六十八歲的兒子，要在當地過聖誕節。

「一人住嗎？有子女照顧您嗎？」老太太回答：「附近有個七十二歲的兒子。但我獨居、自己開車、擁有電腦、手機、平板。做了一輩子老師，三十年前退休後一直教人打橋牌，在成人教育中心、家裡、社區活動中心開班，也經常參加娛樂性比賽，和各地牌友聚會。」

我不可置信的看著老太太，老太太也回我一個相同的表情。老太太說：「我不會去想年紀多大這件事，甚至像是忘記了。偶爾逛街買衣服還會覺得自己是年輕小姐，穿上後顯得老氣成熟，哦——一定是衣服的問題！」

老太太說：「知道為什麼老年人很多都退化迅速嗎？因為他們都讓人送飯和收拾打理，身心不活動，很快就退化。更可怕的還在後頭，因為他們選擇或非自願的不再自主生活，會產生躁鬱的情緒，生活將充滿抱怨。比如洗澡水太熱、公車太慢。」

「有長壽基因嗎？」

「我的家人多早逝，或者年老後健康狀況極差。我是猶太人，二戰入伍參加美國軍隊，曾與艾森豪威爾將軍同行。從軍幾年的訓練和規律生活，讓我真正的學習自律，是我的長壽祕訣。」

「平時想不想家人？」

「我就是來看看兒孫，我在海邊租了別墅，海景屋多興趣多吸引人啊！用它來吸引兒孫們前來，一起住上幾天。」老太太邊說邊大笑。

「不住兒子家？」

「我從不！婆媳在一個屋簷下超過一頓晚飯的時間，不科學。兒子不能夾在中間為難，他最重要的女人是他的太太。」

九十六歲老太太的真知灼見——保持年輕的心態，身體機能也會跟著年輕。

三、長壽的生活型態

以下這些生活型態，可以維持體能強健，也能讓人腦變年輕。

（一）細嚼慢嚥

咀嚼的動作能讓大腦皮質區的血液循環量增加，更激發腦神經的活動，老年人的牙齒愈不健全，罹患失智症的比例愈高。

（二）多晒太陽

陽光能促進神經生長因子，目前有研究在釐清晒太陽與預防失智的關聯性，雖還沒有定論，但每天能夠沐浴在陽光下，能形成良好的睡眠模式，也不容易心情憂鬱，身心自然健康。

（三）列生活和工作清單

事先列下每天生活和工作的清單，能夠幫助事項有效率的完成。健全記憶運作，關鍵在於注意力，好好把握專注力吧！開始設定目標、進行目標、達成目標。

（四）記得吃早餐

一頓營養的早餐帶來健康，也協助大腦運作。大腦不能儲存葡萄糖，熱量須隨時供應，一夜好眠後，大腦的血糖濃度會偏低，早晨沒有足夠的熱量供應，容易打瞌睡、情緒不穩，工作和學習都會受影響。

（五）別忘安全帶、安全帽

安全的駕駛行為，能夠為腦部帶來多一層的保護。腦傷對任何年紀的人來說，都會嚴重影響生活與生命品質。

（六）常做家事

處理家務如同工作和上課，用心、用腦、用力不能少，安排先後、空間一定要，歸納、統整很重要。比如晒衣服會伸展身體，肌肉運用了，便會使用大腦額葉的運動區。完成的成就感，也為大腦帶來愉悅。

（七）補充水分

大腦有八成是水分，缺水會妨礙思路。記得在適當時間補充適量水分，維持大腦的活躍。

（八）常常微笑打招呼

常常和人微笑打招呼，互動的行為能夠減低憂鬱情緒；記憶姓名和特徵，可以提高腦力，老年人尤其需要這項訓練。

（九）改變習慣

嘗試新事物可以激發短期記憶，建立大腦解讀訊息的能力。比如改變固定的外出路線，早一站或晚一站下車，或搭乘不同路線的公車抵達目的地，這樣就能夠刺激前額葉。

（十）有氧運動

有氧運動能使心跳加速，動作的協調靠小腦，因此可以活化小腦，促進認知和處理資訊的速度。有氧運動只要願意，對任何人都輕而易舉，出門健走就是了。美國伊利諾大學研究表示，每週健走三次、每次五十分鐘，就能讓思考更敏捷。

（十一）深而緩的呼吸

焦慮會讓處理事情的能力變弱。當焦慮產生時，利用冥想法或禪定、瑜伽，甚至念經禮佛，透過平穩氣息，達到放鬆身心的效果，回到感覺溫暖受關愛的狀態，自然一切能重新調整及起步。

（十二）靜坐冥想

靜坐冥想療法已證實能夠降低血壓。每天花二十分鐘靜坐冥想，一週後能明顯發現負面情緒改善、專注力提高、情緒較容易控制。同時靜坐冥想訓練可以疏通腦部血液循環，這能夠提高使腦部的反應，從消極對抗或逃避趨向接受現實，可以帶來幸福感。

（十三）補充葉酸和維生素B12

葉酸和維生素B12這兩種維生素若攝取過低，罹患失智症的機率會提高。食物如四季豆、蘆筍等富含葉酸，魚類、蛋、大豆、奶製品含有維生素B12。

（十四）抗氧化的薑黃

常聽到吃咖哩預防失智，這是咖哩含有薑黃，薑黃素是高效能的抗氧化劑，抑制氧化作用傷害細胞、預防腦細胞突觸消失。

（十五）顧好牙齒

牙齒保健很重要，老後的健康狀態跟牙齒的好壞成正比。牙齦炎、牙周病影響晚年認知功能。每天使用牙線、刷牙，刷牙每次至少二分鐘，定期檢查牙齒，積極治療蛀牙、牙周病，需要則裝假牙，千萬不能忽視牙齒好壞帶來的影響。

（十六）十項少與多

有幾項長壽祕訣在網路上流傳，摘錄於下：

1. 少車多步。
2. 少欲多施。
3. 少怒多笑。
4. 少食多嚼。
5. 少鹽多醋。
6. 少言多行。
7. 少衣多浴。

8.少煩多眠。
9.少糖多果。
10.少肉多菜。

四、二十個快樂習慣

心情的愉快，可以延緩老化。哈佛大學推薦二十個快樂習慣，可以打造好的身心狀態，能為健康、長壽帶來幫助：

（一）學會感恩

關注自己和生活，會發現其中的任何細節，都來自大自然和他人的給予，當然也包含自己對自己的給予，學會欣賞其中的奧妙與美好，帶著感恩的心，也願意去撫平人心，生命會充滿幸福感。

（二）選擇益友

人際關係影響幸福指數。選擇正念的朋友、面對真實的自己，能夠改變心態和待人處世。同時，也要讓自己成為他人的益友。

（三）長養悲心

能站在他人的角度看事情，我們會更有同理心，面對事情，就能處理得更圓滿，利益人我。

（四）持續精進

學習的條件是要有一顆年輕的心，能夠透過學習多多運用大腦，當下煩雜的事情就會擱在一旁，開心滿足了，反而更有餘裕處理生活中的瑣碎。

（五）成為解決問題的人

用開放的態度直接面對問題，願意多方嘗試解決的辦法，過程也許辛苦，但能夠建立自信心。透過「變成一個解決問題的人」，你會有決心和勇於面對挑戰的能力。

（六）做自己想做的事

成人每天花三分之一的時間工作，做想做的事可以提升整體幸福感，現在開始，試著把工作結合樂趣，若不行，培養一個喜愛的興趣吧！

（七）活在當下

沮喪常常是來自已經發生的事情，焦慮則是對未來感到擔憂。活在當下！該面對進而接受，該放心輕鬆享受，就好好的感受、感知和去做。

（八）開懷面對人生

嘴角要天天都上揚，笑能夠化解生氣和頹喪。學會在生活中尋找樂趣和練習幽默感，可以增加幸福感。

（九）能夠原諒寬容

憎恨和生氣的情緒只是懲罰自己。當對他人和自己的錯誤釋懷時，我們能夠讓心量更大、脾氣更好、迎向問題的態度更正向。

（十）常說謝謝

學會欣賞生活裡的美麗風景，再向讓我們生活變得更好的人表達感謝，這樣的言行能讓人與人之間更和諧。

（十一）要有知己

深厚的情誼和互動，能夠消融或昇華內心的諸多情緒和感受。彼此之間真誠的對待，會為自己和別人帶來幸福感。

（十二）守信

信守承諾會幫忙我們建立自尊。自尊的高低影響著幸福感的程度，千萬要信守承諾。

（十三）冥想靜思

冥想訓練可以正面改變大腦的結構，能夠提高學習力和記憶力，對於自我的反省能力、同理心和自我意識也有著重要影響，並會更容易感到開心。

（十四）專注在事情上

當我們投入一件事，專注的感覺會讓我們處在開心的狀態，也使得我們不去注意別人的看法，如此就不太會被外界干擾，會更幸福！

（十五）保持樂觀

面對困難時，如果被最壞的想法局限，無助於解決困難。心要學會轉化，也要保持彈性和空間，這樣的樂觀態度將使得我們更全面的看見問題和解決問題。

（十六）無條件喜愛人

接受自己和別人的不完美，這裡的無條件不是無條件的給予，而是接受最真實的自己和他人。如此，不會對人對自己產生不高興的感覺，任何人也都有自己的選擇，以及調整自己的時機。

（十七）不要放棄

事情一直延宕無法順利完成，甚至最後失敗，一定會減低自己的信心。還有機會成功，就不要放棄，別怕暫時的阻礙，找到方法一一搬開。若是事情目前必須中止，就先擱下不多思，保持正念等待因緣時機。

（十八）盡力，然後放下

事與願違是生命的常態，加上人都有身心能力上的局限，有時很努力做一件事但還是不能達成。面對人間萬事，盡心盡力就是了，過了，就放下，往前走最重要。

（十九）照顧好自己

身心健康是幸福的根本條件。有好的身心，基本上就有條件妥善生活，所以要吃得營養均衡，記得鍛鍊身心，更要作息動靜得宜。

（二十）懂得回報

做好事能帶來好心情。人在做好事時，大腦會顯得活躍，所以，能多關懷他人的人，會比不愛關懷他人的人，活得更加開心。

把以上好習慣養成，美好平淡的老去吧！

五、修行者長壽方式

中年之後，體力逐漸衰弱，不禁擔憂起老年的生活品質。日本曾經調查各行業的平均壽命，最長壽的是和尚。日本電視臺實際採訪後，分析了他們的生活方式，試圖從中理解達到健康長壽的方法。

（一）讀經、抄經

每天早上讀經四十分鐘。讀經會影響腦內物質血清素的分泌，讓人放鬆，也證實可以改善睡眠，對於諸多疾病都有正規治療外的輔助作用。讀經之外，唱歌也能幫助血清素的分泌。

日本東洋醫學會專門醫、中醫師櫻井正智表示，「要根治疾病，首先要先疏導精神上的壓力，讓患者們遠離壓力，才能有較好的治療效果，也是從另一方面增強免疫力。因此建議抄寫經文，並將之視為治療疾病的一個重要環節。」他強調，「抄寫經文時講求心無雜念，能幫助腦部得到休息，同時還有提高集中力的效果，能讓心神自然而然冷靜下來。《般若心經》有一千五百年以上的歷史，在二百六十二字的經文之中，不只是有哲學上的意義，也含有科學性的真理，紀載著人類的祕密。書寫一次時也許無法理解箇中奧祕，但在反覆抄寫會讓內容印在腦海裡，在日常生活中，就有可能突然頓悟、理解其中的奧妙。」

(二) 打坐

早上打坐半小時到一小時。大多人可能會想，打坐這麼久，一定會手腳腰背痠麻，然而打坐才是真正的能夠促進血液循環。而且打坐的姿勢正好調整體態，改善駝背習慣，如此一來，軀幹平衡就能讓手腳肩膀自然放鬆，有助於改善肩頸痠痛。老是窩在辦公桌前的人，試試打坐吧！

（三）吃粥

早上喝上一碗粥。粥含水量高，早餐吃粥可以增加腸道水分幫助排便，腸道健康自然免疫力就好。日本人還會把醃梅子、昆布加入粥裡，補足礦物質、膳食纖維。

（四）打掃

每天打掃活絡身體。寺廟每天會掃落葉，用抹布擦地板，這樣的打掃活動會運用到全身的肌肉，能夠訓練及保持身體的活動力。

（五）爬樓梯

爬樓梯跟慢跑能夠達到相同的運動效果。寺院常有長階梯，透過爬樓梯，可以鍛鍊大腿的肌肉，提高人體新陳代謝，疲勞自然不來找。佛光山從不二門一直到大雄寶殿，也有好幾百個階梯，所以出家眾的運動量很足。

六、諾貝爾醫學獎研究成果

二〇一七年獲得諾貝爾獎的三位科學家，提供的研究結果是「不要熬夜」。他們的研究獎金是九百萬瑞典克朗（合約一億五千萬新臺幣）。以下是價值一億五千萬的建議：

（一）不要熬夜

睡覺是養生大用，健康細胞要取代衰敗的細胞，必須擁有良好的睡眠和正常的作息時間。比如白天一千萬個細胞死亡，晚上補五百萬個回來，每天如此，身體就會出現問題或疾病。

一位獲獎者邁克爾．羅斯巴殊舉了近二十年各國都出現有「睡不著覺的家族」的罕見病例，這些家族至少三四十年沒有好好睡覺，熬夜打破了精妙的生理時鐘，疾病自然無可避免。

另一位獲獎者邁克爾．楊在二〇一五年的研究發現，缺乏睡眠，神經突觸會被星形膠質細胞大量吞噬。簡單說就是熬夜會讓大腦開始吃掉自己。他還發現，熬夜會促使腫瘤發生。

（二）養肝

熬夜會傷肝。晚上是肝臟最重要的「工作時間」，肝臟又是身體最大的解毒器官，如果夜晚不睡加上消夜過度，肝臟負荷會過重。平時要發覺肝臟疾病並不容易，真的感覺有狀況，情況常常已是非常嚴重。

若有夜晚十一點後入睡情況，建議可以泡紅棗水飲用，稍微起到養護肝臟、幫助排毒的功效，中醫認為紅棗能疏肝解鬱。但不是什麼體質都適合，還是和中醫師協商較好。

（三）無價的養生表

現代人都曉得養生要講究「順應自然」，但現代的生活節奏常常破壞作息的規律。身體健康是一切的根本，希望每個人保持生理時鐘的規律到最佳狀態，有健康才能有作為。

1.五至六點：醒了躺一下

「晚上睡不著，早上醒得早」，滿多中老年人常常為這所苦。太早醒來，不要馬上起床，可以讓自己放鬆的閉目養神，然後在床上慢慢按摩臉頰耳朵四肢乃至全身，起身時會更安全，先喝一杯溫開水之後再起身，用準備好的身心面對嶄新的一天。

2.六點半：伸展運動

晨間運動可以選擇較溫和的運動，比如太極拳、伸展操、散步等等，半小時以內即可，就能活絡身心。

3.七至八點：營養均衡的早餐

早餐要均衡豐盛營養，為健康打底，也為一整天的元氣加分。

4.十點：一小把堅果

每天別忘食用一小把堅果，幫忙維護心腦血管的健康。好的堅果油脂可以幫忙身體的代謝機能。

5.十一點至十二點半：雜食的午餐

午餐食物樣式要繁雜。不只老年人，任何人都應該有顏色豐富的午餐，讓身體的吸收更多元，打造充沛的活力。

6.十三點：午休三十分鐘

飯後疲勞感來襲，可以稍事午休，以舒緩血壓、提高午後的記憶力和執行力，也增強免疫力。午睡時間則應控制在半小時到一小時以內，避免影響晚上的睡眠。午睡醒來，若體質可以喝茶，泡上一杯綠茶可以提神，也降低罹患癌症風險。

7.十五點：晒太陽

晒太陽的好時機不能錯過。陽光能夠維護骨骼健康、養護視力，還能改善情緒和調整睡眠。

8.十六點：午後茶點

選擇低GI食物，或者優酪乳、全麥麵包等有益腸道益生菌的點心，維持血糖恆定又能提供熱量。

9.十八點至二十點：與家人分享「慢」晚餐

晚餐宜清淡，用餐時間也不宜太晚，會引響腸胃健康及睡眠。晚餐若可以和家人一起享用，更會是溫馨的家庭時光。

10.二十點：站一刻鐘

用過餐飯就躺就坐會傷害腸胃，飯後可以和家人散散步，或者站立十五分鐘，當然洗洗碗、收拾餐桌也是好方法。

11.二十一點：提前刷牙

晚飯後，早些刷牙比較好，刷了牙比較不會再進食，也比較容易靜下心來做喜歡的事，為入眠作準備。

12. 二十二點：調低臥室溫度

二十二點是最佳的睡眠時間。研究顯示睡眠時設定較低的溫度，能夠降低罹患代謝疾病的風險。

讓每一天健康的結束，身心狀態透過睡眠得到修復後，再開始新的健康一天吧！

第四節　佛理

一、何謂老苦

《瑜伽師地論》：「云何老苦？當知亦由五相，謂於五處衰退故苦。一、盛色衰退故。二、氣力衰退故。三、諸根衰退故。四、受用境界衰退故。五、壽量衰退故。」

《佛說五王經》：「何謂老苦？父母養育，至年長大，自用強健，擔輕負重，不自裁量，寒時極寒，熱時極熱，飢時極飢，飽時極飽，無有節度；漸至年老，頭白齒落，目視茫茫，耳聽不聰，盛去衰至，皮緩面皺，百節痛疼，行步苦極，坐起呻吟，憂悲心惱，識神轉滅，便旋即忘，命日促盡，言之流涕，坐起須人。」

二、佛陀的養生祕訣——吃粥

中國佛教寺院的早餐是粥，粥對於人體健康極有幫助。《四分律》提到粥的五種益處：「食粥有五事：善除飢、除渴、消宿食、大小便調適、除風患。食粥者有此五善事。」

第一好是善除飢，飢餓時，粥可滿足我們的腸胃。第二好是能除渴，念佛誦經會讓人口渴，事先多喝水可能過程就須中斷以解決生理問題，若改喝粥，單純水分的攝取就無須那麼大量。第三好是消宿食，早上用碗粥，可以把腸胃前一天的積食清空。第四好是大小便正常自然腸胃輕鬆，人就會感到清爽無比。第五好是能除風患，風患即打嗝。打嗝有許多原因，若原因是吃過飽，吃些粥會有幫助。

佛教寺院早齋吃粥會唱誦《食粥偈》：「粥有十利，饒益行人。果報無邊，究竟常樂。」吃粥真的好處很多，若非一些疾病如糖尿病、胃食道逆流等等不適合吃粥，都可以開始早晨吃粥行動，透過實行來體證。

《摩訶僧祇律》同樣記載吃粥的利益，有十大：

1. 資色：長養身體，讓人豐潤臉頰容光煥發。

2.增力：補養元氣，增加氣力。

3.益壽：滋補所需，延年益壽。

4.安樂：清淨腸胃柔軟身體，帶來安樂感。

5.辯說：滋潤喉嚨，說話甚至辯論時，讓聲音清亮。

6.除風：除風寒，讓身體上下通利，改善失調的機能。

7.消宿食：溫脾暖胃，消除隔夜的積食。

8.辭清：吃粥讓氣息無凝滯，而有清晰的說話聲，講經弘法者，要讓人更專注聆聽，吃粥是好選擇。

9.除飢：滿足口腹，消除飢餓的好辦法。

10.消渴：滋潤喉嚨，解除乾渴。

星雲大師道：「《法華經．譬喻品》說：『諸苦所因，貪欲為本。』眾生因為貪愛，在我、我所有上產生執著愛染，生起種種痛苦，所以學佛修道，想要獲得圓滿幸福的人生，首先必須止息心中的貪欲。老後要有清淡的身心狀態，才能安住知足於老年生活，早晨的清粥小菜，不失為修習的妙方。」

第五節　人老心不老的故事

一、任何年齡都要奮勵

臺灣有陳樹菊為慈善努力賣菜，中國吉林省長春市林田遠達創客公園有家「97超市」，裡頭坐著的姜乃君是九十八歲創業。

姜乃君每天早上坐電動車準時八點上班。他開心又仔細的販售、找零，行動支付、POS機操作都得心應手。他，同樣也是林田遠達集團的創始人。

姜乃君在棉織廠從年輕勞動到退休，但依然無法脫離貧困。六十六歲時，他第一次創業，開始是用手刻銅字牌匾、標幟，慢慢的才設了工廠，帶著家人共同努力，經過三十年，已成為產值上億的形象標幟。業務讓兒子打理後，姜乃君決定再創業一次。

姜乃君的孩子們都持反對意見，但姜乃君說：「誰說老人就不能創造價值了？」二〇一七年七月十一日，姜乃君的小超市正式營業。

姜乃君第一次創業是為了讓家人孩子衣食無缺，這次則是要為孤兒院的孩子們打造更好的成長條件。

從二〇〇三年起，姜乃君資助蘭家孤兒院一百多位孩子。「以前我們受苦的時候，帶孩子要過飯，受過很多好心人的幫助，沒有忘記過。做生意我是從零開始，做慈善我也要一點一滴的盡我所能。」

97超市，現在已是創客公園裡的名店，姜乃君每個月的淨利約五千元左右，他開心的說起這家超市的生意經：「百分之五十的利潤我都捐給孤兒院，百分之三十分給股東，百分之二十用來擴大經營。」

下一次兒童節時，姜乃君又會帶著新的收入拜訪孤兒院。

姜乃君篤定的說：「現在靠父母的年輕人還有很多，這樣不行，還是要奮鬥啊！多大年齡都可以奮鬥，堅持才會成功。」

二、扭轉冷漠的故事

一九三五年，美國經濟最蕭條的那一段時間。紐約市寒冷的冬天，位在貧民窟的法庭上，一個改變人心的案子正在審理。

一位年近六十衣物老舊、神情憂苦的老婦人站在被告席，他因為偷了麵包店裡的麵包而被老闆提告。

法官詢問老婦人是否確實偷了麵包，婦人羞愧的低頭承認。

法官問老婦人偷麵包的動機，老婦人抬眼對著法官說：「我是飢餓，我有三個失去父母親的孫子們，忍受好幾天的飢餓了。他們是如此幼小，我身為祖母，怎能看著自己的孫兒們以這種方式離開人世？」

老婦人的話，讓旁聽席上的人議論紛紛。

法官嚴肅宣判：「被告，我必須秉公行事，執行法律。你可以選擇處以十美元的罰金，或者是拘役十天。」

老婦人表情痛苦為難的說：「犯法當然願意接受懲罰，但我若有十美元繳罰金，就不會偷麵包；我若選擇拘役，孫子們由誰照顧？」

一個男人從旁聽席站起，向老婦人一鞠躬後說道：「請您接受十美元的判決。」接著轉身面向旁聽席的所有人，摘下自己的帽子並放進十美元，然後說：「各位，我是現任紐約市市長拉瓜地亞，現在請各位繳交五十美分，為我們的冷漠付罰金，讓我們有所警惕，我們都生活在這個要祖母偷取麵包養活孫子的城市。」

所有人睜大眼睛望著市長，法庭鴉雀無聲。然後，所有人一一起立，拿出了五十美分放入帽子，包括法官。

老婦人偷竊麵包被罰款干他人底事？市長以同理心和站在整個城市最頂端的角度提醒，我們都希望人類能集體往美好前進，就必須關懷社會的每一個角落，若是一味冷漠，終須付出代價。人活著，就會跟人和社會產生關聯，無法選擇也不能被孤立。人一出生，就簽了社會契約，物質利益的來往有法律契約保障；行為生活的往來有著精神契約規範。

三、失智的故事

近幾年網路流傳一封信，道出身為輕度失智者的心聲。這封信被誤認為是陽明大學兼任教授、臺北榮總特約醫師、臺灣失智症研究與治療權威劉秀枝醫師所寫，但已為劉秀枝醫師本人否認。但失智是中老年可能會要面對的問題，這封信雖然不是失智症權威醫師所寫，但相信有很多人需要這樣的內容撫慰心靈和提振勇氣，當然最重要的是開始改善生活型態為大腦儲存本錢。從《中華社區聯合報刊新聞網》網頁摘錄部分文章，供作參考。

「親愛的朋友：

我寫這封信只是想告訴大家，我失智了。不過，不必震驚，目前還是輕度，否則我也無法寫這封信。當然，有些字眼想不起來，許多事情無法串在一起，思緒也常會中斷，因此這封信是在妹妹的幫忙之下完成。今年七十歲的我，比各位年長許多，常和大家一齊聚餐、打高爾夫球、出國旅遊，相識相知，受大家的照顧已二十年。妹妹常怪我不用心，丟三落四，一問再問，還把約定日期搞錯。

在一次出門忘了關水龍頭，把水塔裡的水流光後，妹妹帶我去看神經科醫師，經過仔細檢查，醫師告訴我得了失智症，是大腦退化所造成的阿茲海默症，並且開藥讓我服用，希望能退化得慢一點。從此，當我又忘了，妹妹不再有『不是告訴過你了』的責備語氣，或我反覆說時，也不會有『你說過好幾次了』的奇怪眼神，反而是輕聲細語的說『沒關係』或『我替你記住就好』，我就知道我是真的病了！我的高爾夫球技一向差，但最近半年來，連每一洞打了幾桿都記不清楚，到底揮的是第二桿還第三桿？球友都會幫我算桿數或請桿弟幫我算。那天打了幾洞後，我忽然問：『我們現在是打第一洞嗎？』看到球友們驚愕的眼光，我覺得是對大家承認我失智的時候了。

醫師說生病並不可恥，身體每一個器官都可能生病，失智症是大腦的疾病，就好像膽結石是膽囊的疾病；乳癌是乳房的疾病一樣。然而，我變得很沒有信心，容易恐慌，因為我不知道，我將要踏出去的每一步對不對，要說出的話是不是已經說了多次，而且心裡想的無法表達，愈急愈講不出來。我常覺得氣喘不過來，在餐廳吃一頓飯，會上好幾次洗手間，兒子帶我去看心臟科和泌尿外科醫師，都說沒事，是因為緊張的關係。我了解我的記性和其他認知功能就像雙手握滿東西般，一面走，會一件一件的掉，甚至像沙灘上腳下的流沙，會很快的流失。也許有一天，我熟悉的路不會走，也叫不出你的名字，最終可能不會吃飯盥洗。但目前還是輕度失智的我，還能揮桿，享受小白球進洞的喜悅，能享受美食，欣賞美景，也還聽得懂笑話，更能感受到大家的關愛，也許過後就不記得，的確是『活在當下』。

如果我們能攙扶一位因中風而行動不便的朋友，當他的柺杖，讓他慢慢走，也希望大家能接受一位因失智而容易遺忘的朋友，做他的引導，讓他慢慢來。有條有理是正常人的生活習慣，但失智的人很難辦得到。改善的辦法，只有創造有利的條件，讓它慢慢修復。如果大腦是銀行，你的存款夠多嗎？儲備充足腦力存款，從今天開始。

有人問知名的神經學家斯默爾（Gary Small）醫師：『年齡多大才算太遲了？就算改變壞習慣，也不能保護自己的腦子了？』斯默爾醫師說：『請聽我大聲說明白：永遠不嫌晚，只要今天開始改善生活型態，就可以開始修復昨天的損傷。』」

四、一百歲感言

作家楊絳，是中國知名作家錢鍾書的遺孀，一九一一年生。夫婿與女兒錢瑗病逝後，楊絳停筆外也極少露臉。九十二歲出版散文集《我們仨》，寫下與丈夫、女兒生前的生活點滴和情感。

網路上流傳一篇〈楊絳的一百歲感言——世界是自己的，與他人毫無關係〉，後來證實非全部真實，但裡頭規律生活、與世無爭態度和活到老、學到老的精神，的確帶來正能量和信念。

摘錄如下：

「我今年一百歲，走到人生的邊緣，壽命不由自主，我很清楚我快要「回家」。我得洗淨這一百年的沾染，心靜如水，平和的迎接每一天，準備回家。

人世間物欲橫流，人生實苦，做個與世無爭的人吧！周旋，也得準備吃虧。

人壽幾何？人生裡不同的鍛鍊，必有不同的結果；多少的放肆，必有多少的頑劣。

上蒼不會讓所有的幸福都給某個人，愛情、金錢、歡樂、健康未必都能如願。知足常樂的淬鍊、淨化、修養心靈，會明白最深層的快樂屬於精神，可以把忍受變為享受，精神對物質的勝出，這是人生必修的哲學課。

人都會有渴望際遇波瀾壯闊的時候，但到了某個年歲，會發現人生最曼妙的風景是淡定與從容。曾經是那麼的期盼被認可，最後明白：『世界是自己的，與他人毫無關係。』」

五、最長壽的人

世界上迄今可查證最長壽的人叫李慶遠，生於一六七七年，卒於一九三三年，活了二百五十六年。清末民初時他是中醫藥學者，一百歲時曾因中醫藥學的傑出成就獲政府獎勵；二百歲時，還常常講課，期間也接受西方學者來訪。

他的長壽祕訣是「保持一種平靜的心態，坐如龜，行如雀，睡如狗。」他的飲食以米飯和少量葡萄酒為主。他認為自己健康長壽是因為長期素食、心靜而開朗、常年飲枸杞茶。

李慶遠生前十分遵守清代學者陸隴其「足柴足米，無憂無慮，早完官糧，不驚不辱，不欠人債而起利，不入典當之門庭，只消清茶淡飯，便可延年益壽」的養生妙訣。認為人的壽命由元氣主宰，有先天稟受有後天榮養。他以蠟燭比喻，把點燃的蠟燭置於籠內，焰火可維持的時間長；擱在風雨裡，隨時可能熄滅。

李慶遠也用老子「毋勞汝形，毋搖汝精，毋使汝思慮縈縈。寡思路以養神，寡嗜欲以養精，寡言語以養氣」點出養生方法，但這些簡單的道理卻常被人們忽略。

他根據一位善養生的老人圃翁的理論，強調養生必以慈、儉、和、靜為根柢，意思如下：

1. 慈：心地慈悲自然足以無憂無懼的面對各種情況甚至災害，也更可以自然的維持健康長壽。

2. 儉：儉於嗜欲聚精神；儉於言語養其氣息；儉於思慮免煩憂；儉於交遊可寡過；儉於飲食養脾胃；儉於酒色清心寡欲。凡事省一分，則受一分益。

3. 和：君臣、父子、兄弟、夫妻、友朋能和，和會互相維護而至祥。

4. 靜：「神之不守，體之不康」，身心不過勞，動靜有節，身心平衡了自然能健康長壽。

李慶遠還提到「食不過飽，過飽則腸胃必傷；眠不得過久，過久則精氣耗散。餘生二百多年，從未食過量之食，亦不作過久之酣眠」。生活細節上，則萬萬不可以急躁，身心躁動必傷身。而寒暖不慎、步行過疾、酒色淫樂也都損身，重可亡身，不可不慎。此外，更要無喜怒哀樂、無富貴榮辱的念頭干擾心神。這些方法的核心就是「自愛自全」，身心的狀態好壞，先天稟賦外，唯有依靠好好養生。有關他的事蹟，金氏世界紀錄大全有記錄。

六、阿嬤的健康檢查

一位阿嬤到家醫科做成人健康檢查，報告上一個紅字都沒有，護理師恭喜阿嬤：「恭喜您身體健康一百分。」怎知阿嬤竟然回答：「我歹命，活到八十幾歲還要自己煮飯。」護理師說：「阿嬤，您說的好命人我們醫院很多，他們躺著等人幫忙灌食、換尿布、擦拭身體。阿嬤想要這樣過日子？」阿嬤趕緊說：「我才不要咧！」

人應多多練習祝福自己，不要詛咒自己。珍惜自己，想做的事情，我們就會努力找到克服的方法；不想做，才會有說不完的藉口。阿嬤後來知道自己八十幾歲還能夠煮飯是件多麼幸福的事，我們有發現自己的幸福了嗎？筆者認識一位三代同堂九十幾歲的老太太，每天爬山，也每天煮飯給家人們吃，他煮得很開心，兒孫們也吃得很開心。裡頭的意義，值得深思。

老年人，要活就要動，愈運動精神愈好，健康更可以保持。

第六節　星雲大師語錄

星雲大師於《佛光教科書》提到對老的看法，《佛光祈願文》有〈為老人祈願文〉，摘錄以下，供參考：

一、老邁的保健

「老是生命循環的自然現象，經典中記載，人老時因盛色、氣力、諸根、壽命等境界衰退而令人感到苦惱；有人卻人老心不老，繼續學習各種知識、技能；更有人累積一生的經驗，貢獻力量，就像《雜寶藏經．棄老國緣》中，老人為國王解答了天神種種的問難與考驗，展現了生命的智慧。

如何才能老而不懼：

1. 早起十念法：即早上起來稱念佛菩薩聖號，讓信仰成為心中的寄託和希望。

2.晚睡一炷香：即晚上睡前靜坐十或二十分鐘，令心平靜。

3.飯前五觀想：吃飯時心懷感恩，保持歡喜愉快的心情，多食清淡食品，不增加腸胃的負擔。

4.生活要放下：思惟一生的功名、情感、得失，如過眼雲煙不實在，而逐漸放下執著。

5.老死不可怕：死如更衣，如搬家，如睡眠，色身雖壞了，但真心佛性不滅，只要積極培福，增長慧命，必有光明的未來。

6.心中常懺悔：人非聖賢，孰能無過？人到老年，多少會反省一生中的過錯，而深感懊悔和遺憾，若能真心懺悔，就像清水洗滌過一樣，人格便能昇華，心中也能坦蕩。

7.布施能喜捨：人到年老，總覺得身邊要有錢才有安全感，或者預留財產給子孫，事實上，『萬般帶不去，唯有業隨身』，若遇不孝子孫爭奪財產，情更難堪。何妨將身外之財用來廣施十方，厚植福德，來生得生善處，也能庇蔭子孫。

8.發心肯服務：退休後，生活空間更廣，時間更多，可發心投入義工行列，為人服務，以擴展生活領域，更可與人廣結善緣。

9.幽默常歡笑：人云『一笑解千愁』，時常保持開朗歡喜的心情，不但有益於身心的和諧與平衡，更能為人間增添歡喜。

10.健康要運動：『飯後千步走，活到九十九』，運動可以活絡筋骨，讓身心活動起來。」

二、〈為老人祈願文〉

「慈悲偉大的佛陀！
感謝您降誕到人間，
您明白的告訴我們：
『有生苦，必然會有老苦；
有老苦，必然會有病苦。』
老病實在是非常地辛苦。
慈悲偉大的佛陀！
我們的心理上有許多煩惱的疾病，
我們的身體上有許多殘缺的不安。
所幸有大醫王的佛陀您，
給我們精神上的鼓舞，給我們心靈上的安慰；

給我們永恆生命的啟示，給我們法身佛性的希望。
我現在終於明白：生命是自然的循環，老病死生又有何懼？
慈悲偉大的佛陀！
您知道老人們的願望嗎？
老人們最希望的是家庭團聚，最歡喜的是含飴弄孫；
老人們最盼望的是身無病苦，最快樂的是自由自在。
老人們不一定要靠子孫來養老，他們只希望善緣可以幫助未來；
老人們不一定希望金錢來養老，他們只希望親友能夠給予關懷。
老人們不一定要有老伴，但希望要有佛法為伴；
老人們不一定要依靠家人，但希望佛陀您可作他們的依靠。
慈悲偉大的佛陀！
請您要保佑老人們：
從此沒有流離失所的悲哀，從此沒有纏綿病榻的不幸，
從此沒有兒女不孝的怨嘆，從此沒有老病死生的憂懼。
讓老人們養成良好的習慣：

早起一炷香，晚睡十念法，飯後千步走，飯前五觀想。
讓老人們從心不苦做到身不苦，
讓老人們從看得破做到有得過。
讓老人們知道：人生的意義不在色身的長久，
而在功德慧命的無限；
讓老人們懂得：世間的萬象有生住異滅，
生命也會天上人間去來不定。但真心佛性是永遠不變，
慈悲偉大的佛陀！
請您垂愛普天之下的老人，讓他們得到精神的安慰，
讓他們得到生活的照顧，讓他們得到好話的鼓舞，
讓他們得到善緣的幫助。
每一個老人，都希望有一個平安快樂的晚年；
每一個老人，都希望有一個心開意解的人生。
祈求您，祈求您，佛陀！請滿足老人們的願望吧！
請滿足老人們的願望吧！」

老・的・省・覺

第三章　病得泰然

第一節　生理

「英雄也怕病來磨」，得有人身，就無可避免會有身心失調狀況或罹患疾病，身心上的痛苦，我們稱為病苦。病有輕重，但都會帶來影響，或短暫或長久，或輕微或嚴重，或無感或難以忍受，個中滋味唯有個人能體會。

一、何謂病苦

《佛說五王經》：「何謂病苦？人有四大和合而成其身。何謂四大？地大、水大、火大、風大。一大不調，百一病生，四大不調，四百四病，同時共作。地大不調，舉身皆痛；水大不調，舉身膖腫；火大不調，舉身蒸熱；風大不調，舉身掘強，百節苦痛，猶被杖楚。四大進退，手足不任，氣力虛竭，坐起須人，口燥脣燋，筋斷鼻拆，目不見色，耳不聞聲，不淨流出，身臥其上，心懷苦惱，言輒悲哀，六親在側，晝夜看侍初無休息，甘饍美食，入口皆苦。此是苦不？」

二〇一七年十大死因，惡性腫瘤居首，不管任何年齡層，都有可能罹癌。二〇一二年十一月，前成大醫院院長林炳文因淋巴惡性腫瘤復發病逝，他是當時臺灣肝膽胰臟外科權威醫師。從該年度上半年確診、治療，到效果反應不錯，爾後復發，雖然林炳文院長對病情一直樂觀面對，但生命終究無常。

世界聞名的蘋果公司已故創辦人賈伯斯，在疾病面前，同樣也只能接受死亡的邀請。面對病痛，人能轉變的是心態，賈伯斯在病痛期間的示現，是蘋果產品以外最好的禮物。

二、「病」而不苦

「生、老、病、死」四苦當中，最難忍受的是病苦，所以佛菩薩要起大悲心救濟眾生的病苦。

俗諺云：「千斤擔有人擔，四兩病無人替。」又說：「有病方知身是苦，健時多為別人忙；病苦之痛誰承當，業報來時自身償。」

不管是王公貴族或販夫走卒，病苦來時一律平等對待，不會因你身分特殊就少受一點痛苦，有多少業力就要承擔多少痛苦。不能討價還價，如同經典所言「縱經百千劫，所造業不亡，因緣際會時，果報還自受。」

一九九四年四月在醫院照顧病人一星期，看到病人痛得臉色發青，渾身抖顫，我也跟著他一起出力，希望能為他分擔一點病痛，病人緊緊的抓住我的手說：「我給你一百萬，請你替我痛一下。」我在心中一直默誦〈大悲咒〉，祈求「大慈大悲救苦救難廣大靈感觀世音菩薩」慈悲感應，減輕病者的痛楚。

生病的原因何在？《摩訶止觀》卷八上有載：

1. 四大不順。
2. 飲食不節。
3. 坐禪不調。
4. 鬼神得便。
5. 魔所為。
6. 惡業所起。

前面三種病只要注意飲食健康，不受細菌感染，較容易醫治；後三種病和自身所造的業力有關，須多行善懺悔才能減輕病苦。曾聽一位老和尚說他自身所遇見的一個實例：

有一天傍晚，老和尚經過一處河岸欲回寺中，忽然見到一位少女滿臉淚痕的直往河中走去，老和尚趕緊大叫一聲「阿彌陀佛」，少女聞聲回過頭來見到一個出家人在呼喚他之後，就不再往前進。老和尚問：「小小年紀，為何如此想不開，這一去，不怕父母親傷心嗎？」小姐搖搖頭嘆了一口氣說：「父母早已雙亡，沒有人會為我傷心難過的，這二十幾年來我活得好痛苦，我無法大聲說話，聲低如蚊蟲，沒有一個人喜歡聽我講話，又加上一雙富貴手天天流膿，看遍各種醫生也醫不好，最近手又有惡臭，所以大家都更不願和我在一起，因此想到未來，還有那麼漫長的痛苦日子在等待著實在難挨，還是早點結束這段痛苦的人生旅程。」

老和尚說：「這樣結束生命的話，苦未受盡，業未償還，來生要再加倍受苦的，還是今生就了吧！富貴手是因為你在前世做過不告而取的偷竊行為，聲音瘖啞是你在人前愛說大話，且呵罵尊長所以才有此報。從現在開始你告訴自己，往日痛苦的你已隨流水消逝，從現在起好好過你的第二個人生。到醫院去做義工、幫助窮苦之人、到孤兒院去照顧殘障兒童，一切的善行皆無須對人言，儘量積陰德，半年後再來見我。」小姐聽完老和尚的話，彷彿換了一個人似的，臉上充滿了希望，他告訴自己聽老和尚的話一定沒有錯，或許真會有奇蹟出現。

半年後，他的手不再流膿，音聲也漸甜美，他滿懷感激的來到寺中禮佛拜謝老和尚。從此成為一個虔誠的佛教女青年，且一直默默的行善，做醫院的義工，不欲人知。《大般涅槃經》云：「若有施主，施於病人，及看病者，斯為滿足大施。」《梵網經》又說：「若佛子，見一切疾病人，常應供養，如佛無異，八福田中，看病福田，第一福田。」

看病者以慈悲心、耐心照顧病人，所得的福德相當大。如前所述；而患病者能以慈悲心正視病由心生、放寬心、不埋怨、不遷怒、不再罵人造業、口中多念佛、懺悔往昔的罪行，相信病會早日痊癒。

要成就菩薩的「大悲心」，須視疾病為修行的良方，是成就菩提的妙藥。身心安然的接受「病」，病也就苦不到你了。不執著「病苦」，就不覺有病苦。蓮池大師偈云：

「疾病由來是藥方，深知生死是無常；
重刑受過悲牢獄，劇苦常來厭革囊；
念念彌陀休背覺，心心極樂願還鄉；
何時得受清虛體，壽極河沙不可量。」

第二節　心理

現代人百病叢生，但多是心理因素造成。心理因素造成神經系統失衡，致使人體生病的心理上病態，佛教稱其為煩惱。由於身心會互相影響，心理影響到身體，身體的不適又影響心理，若不斷除煩惱，將不只是身心處在亞健康的狀態，會真的產生身心上的疾病。中醫學上，內在情緒（佛學稱七情變化）會影響臟腑，進而誘發病痛，此種類的病痛中醫稱為內因病、內傷病，佛教則稱為四大不調（不調即不合作）。

一、四大不調

佛教認為身體是由四大：地、水、火、風等要素構成。四大調和，人則健康；四大不調，人則落入病痛之中。

（一）地大

「地的本質為堅性，有保持作用，稱為地大。」是指髮毛、爪齒、皮肉、筋骨，若這些部分有病變損傷退化，就是地大不調。

（二）水大

「水的本質為溼性，有攝集作用，稱為水大」。人的唾涕、膿血、津液、痰淚、大小便屬水大。所以人體若是出現泌尿、生殖、循環、代謝問題，就是水大不調。

（三）火大

「火的本質為暖性，有成熟作用，稱為火大。」人依靠火大維持體溫的正常恆定。火大不調，體溫就隨身體的狀況發高燒或體溫過低。

（四）風大

「風的本質為動性，有生長作用，稱為風大。」人的氣息跟風大有關，也關乎呼吸系統的好壞。

四大調和就能身強體健、身心平衡；若有一大失調，疾病就起；四大全部失調，則會百病叢生。四大有先天不調的情形，也有後天失養的狀況。先天不論，後天的影響條件有情緒、環境、壓力、勞累、作息、飲食、運動、感染等等。再細說，比如因上呼吸道急性感染而發燒，全身就會畏冷畏寒，肌肉痠痛，這是火大不調。接著可能進展到咳嗽或慢性支氣管炎甚至肺炎，這是風大引起的不調。

色身難免有四大不調，「照見五蘊皆空」才是根本。五蘊：色、受、想、行、識。「色」，乃是四大暫時和合；「受、想、行、識」則從妄想分別生出，實在非實有。佛陀說「色如聚沫、受如水泡、想如陽焰、行如芭蕉、識如幻事」，我們應從中體會，以減少後天的失調，並榮養身心，以更健康、更正面的態度，面對疾病等等任何的可能因素。

二、百善「喜」為先

滿心歡喜，法喜充滿，也就是心裡有溫情，臉上有笑意。亦即人逢喜事精神好，開口常笑健康好。

彌勒和尚道：「大肚能容，容天下難容之事；笑口常開，笑天下可笑之人。」又言：「打破虛空笑滿腮，玲瓏寶藏豁然開。」

常言也說：「人生不如意者，十常八九」，所以我們接受煩惱比接受快樂來得快，嬰兒來到人間，也是先學會哭再破涕為笑。我們擁有的，可能是短暫的人生、崎嶇難行的人生、多災多難的人生，但選擇盡心盡力，然後盡情的開心一笑，就會開始展開快樂的人生。

地球上的動物，臉部都有眼、鼻、嘴、耳，唯有人類臉孔能做出喜怒哀樂的表情，而且任何男女老幼笑逐顏開的時候，最為美麗！不信，自己照一下鏡子，含笑時的臉容，一定美麗；反之，面容發怒，一定會使人厭惡！天下沒有難看的眾生，只有不懂得如何「笑口常開」的人！

諺云：「一笑解千愁，再笑除百憂，三笑健康長壽樂悠悠」，笑的功用真大，我們的人生，要「百善笑為先」。

分享一則笑話，有位先生，情人節當天買了一件衣服送給太太。太太一翻標籤，哇！這麼貴，樣式又不很喜歡，不禁叨念：「你怎會買這麼貴，樣式又土的衣服呢？真是沒水準！」

心疼錢就這麼一直罵「沒水準」，那位先生曾經上過心靈管理的課程，只見他輕輕的附在太太耳畔說：「不要緊，我買衣服沒有水準，但我討老婆可是很有水準的唷！」

微笑、幽默無價，且可輕鬆化解言語衝突。笑，和氣生財，還能化解人與人之間的齟齬衝突！妻馬林達大學的免疫專家伯克也指出，笑可以增加身體內免疫系統的功能。「開心的笑」可以預防憂鬱症、心臟病，減輕身體的疼痛，又可加強人的免疫系統。法國有一家醫院，醫藥費非常的昂貴，很多病人大呼吃不消。於是醫院每天早上集合所有的病人到大廳「大笑四十分鐘」，過不了多久，很多病人竟然不藥而癒。

醫藥費昂貴，常笑保健康，疾病最喜歡找笑不出來的人，只要經常開懷大笑，一天三大笑，醫生就來不了。笑口常開，好運平安一定來！

多讓自己笑，好運連連；多讓別人笑，活絡人際。開心一笑，真的具有不可思議的魔力。笑，整個世界都會跟著你笑；哭，就只有自己一人孤單的哭了。

「笑」是世界上共同語言，也是最美麗的外交大使，它可以沖淡生疏的陌生感，增進彼此的友誼，也可化解仇恨。改掉臉老是緊繃嚴肅的習慣，運用微笑的表情、和善的肢體語言，人際關係會跟著順暢；而且，當我們笑出來的時候，五臟六腑都在運動，抵抗力自然就增強，身體自然健康！

養成幽默的好習慣，隨時隨地能找到笑點，自然有好人緣，就會有好財緣！好姻緣！更有好因緣！期許大家都能提升生命境界，放下、自在，心境自然平和舒坦，天天開心。

三、病是菩提

《維摩經》云：「何謂病本，謂有攀緣……云何斷攀緣？以無所得。」不執著病苦，就不覺有病苦。

依照世界衛生組織統計，遺傳影響健康的因素占百分之十五，這是平均值，每個人的先天體質有差，會影響疾病的產生、嚴重程度及預後。

很多重大疾病，多和前半生或累劫的習氣乃至前世家族的基因遺傳有關。前些日子應邀到外地講學，剛好遇到颱風天，又感風寒，咳喘了一個多星期。午夜夢迴，懷念起佛光山明亮的陽光和清新甘甜的空氣。人總是身在福中不知福，擁有時不懂珍惜，一旦失去才嘆息！一場病也讓人學習到很多健康時所無法體會到的寶貴經驗！

生了病，成天抱怨終是毫無益處，平心以待，才能認真面對治療和穩定情緒。學佛的人，甚至會因為疾病生起感恩心，疾病的出現是響起該當調整生命態度和生活方式的警訊，進而感悟到因緣果報業力，但也不昧於因果。把生命裡的事情都觀想成「一切都是最好的安排」，就無逆境可言了！

「有病方知身是苦，病是菩提，有病是福」，我們可以把疾病當成修身養性的菩提樹。佛經云：「若能鑽木取火，淤泥定生紅蓮」，今天種下養生的種子，改正不良的習氣，雖然不是明天、後天而可能是明年後年，但一定能夠收穫健康的果實。

「翰墨場中老伏波，菩提坊裡病維摩；近人積水無鷗鷺，時有歸牛浮鼻過。」宋代黃庭堅五十七歲生病時寫的詩。伏波，指漢朝的馬援將軍，馬援在文壇享有盛名，更領兵馳騁沙場，六十二歲仍是一名勇將；菩提坊是寺廟；維摩是《維摩經》裡示現病痛的維摩居士。這首詩完成時，黃庭堅非但仕途艱難，更因誣陷被貶黔州，好不容易赦免得以回京，又染重病於道途。

黃庭堅並未因為遭遇疾病重而喪志，修養身心是振作的前奏。他推窗看見老牛泡在池塘中，將頭浮於水面；一行行的鷗鷺，貼著溪畔飛行，感覺到的，只有生命的妙趣、和諧。黃庭堅對人生的信念，積極、樂觀！生命的底蘊，來自艱困的砥礪與經歷的厚積。

《三摩地王經》云：「諸人病已身遭苦，無數年中未暫離，彼因重病久惱故，為療病故亦求醫。彼若數數勤訪求，獲遇黠慧明了醫，醫亦安住其悲愍，教令服用如是藥。受其珍貴眾良藥，若不服用療病藥，非醫致使非藥過，唯是病者自過失。如是於此教出家，遍了力根靜慮已，若於修行不精進，不勤現證豈涅槃。」

從佛教觀點看，任何疾病皆由貪、瞋、痴三毒所生；佛法中的戒、定、慧三學，則是醫治貪、瞋、痴的獨門藥。有謂「病是菩提，知病即藥」，此處的病指自身的煩惱習氣等壞毛病；知病是知道自己煩惱習氣的根源；即藥，已經知道煩惱的根源，應該就能將引起煩惱的壞習氣根除，轉煩惱成智慧，轉凡成聖。

現在醫學已知生理心理的互相影響，用心參煩惱即菩提，用煩惱作菩提，體會其中奧妙，就可以解除人身大患。

此外，佛教認為積福報並懺悔業力受報會減少，因業力而來的病痛能免除。信仰，也能在病痛中給予支持的力量，更帶來善終的機緣，和對來生的希望。

第三節 調理

一、病會痛嗎？

嘗言：病痛、病痛，病會痛嗎？當然痛，而且包含生理的痛及心理的痛，此時如何面對和調適，才是最重要的。

清代陳昌治刻本《說文解字》拆解：「病字下面一個丙火」，即是告知人有火氣就是病，換言之，火氣愈大之人病情愈嚴重。病痛也會加劇！身體五官的痛，用止痛藥即可，但心靈上的痛楚，就要用佛法來止痛了！《菩薩地持經》說：「菩薩種性，發菩提心，勤行精進，則能疾成阿耨多羅三藐三菩提。」

二、愛生、護生、護心

《別譯雜阿含經．卷四》佛示：「假使壽滿百年，終將踏上死亡之路，而病痛則會剝奪人的力氣，令人衰弱無力。年老就意謂著邁向死亡，因此要常樂於禪定，收攝身心，精勤用功，了知有生必有死，戰勝老病死諸魔境，跨越生死此岸，到達清涼解脫的彼岸。」所以要減少病痛，平日須多念佛誦經，息心少妄念！

修行實無關知識的高低，在於能夠觀照，究竟眼耳鼻舌身意如何因外界而動，心因為這些動，產生分別和好惡。

英國素食學會曾經做過研究，發現素食者罹患心臟疾病和惡性腫瘤的機率較低，主要原因跟素食者血液中的膽固醇含量有關。素食的蛋白質含量其實很多很高，比如：各種堅果、瓜籽的蛋白質達百分之三十，穀物約含百分之十，豆類中的蛋白質含量更高，近百分之四十，是肉類的兩倍，豆皮的蛋白質更高達百分之五十，且大豆中的蛋白是完全蛋白，更容易被人體所吸收。

首屆奧林匹克運動會游泳冠軍茂林．羅斯是位素食者，他的速度、耐力驚人，傲人的成績讓人對素食有了新的看法，讓西方的運動界興起一股吃素的風潮。幾十年後，參加過馬拉松賽事和鐵人三項運動的邁阿密體育營養學家麗莎・多芙完成《素食者運動營養手冊》，是專門吃素的運動理論。

古德云：「欲知世上刀兵劫，但聽屠門夜半聲。」世間最寶貴的是生命，最悲慘的事，莫過於因被殺而喪生。以輪迴觀言：有情之生，為六道輪迴之生。六道輪迴，是業識輪轉，雖然因為因緣牽引成為一切眾生之一，但任何生命都是愛惜自己生命的。累劫以來，六道的眾生互為親屬友朋或有其他因緣，如若生命之間今生來生相食，是如此悲戚！因此，人若愛生就要護生，學佛者更是！

有個故事，從前，某個村落有位士紳，他很喜歡捕捉野生動物入菜，常常四處去搜珍獵奇。有天他來到池塘邊，見到一對鴛鴦正悠閒的在池裡嬉戲，他舉起獵槍擊中一隻鴛鴦。這天晚上，士紳在睡夢中忽然聽到：「是誰把你給殺了，你到哪裡去了啊！是誰把你給殺了……」淒慘的呼聲不斷的傳入他的耳裡，以致於徹夜未能成眠。

第二天，他問家人昨夜可曾聽到什麼聲響，家人回答沒有。這個聲音此後一直在他耳朵出現，而且除了他，別人都聽不到。他被騷擾得心神不定，又走到獵殺鴛鴦的池塘，水面上只有一隻孤單寂寞的鴛鴦。他沒帶槍，就走近池塘伸手要抓這隻鴛鴦，鴛鴦沒有逃跑意圖，一把就被抓住。他好奇的打量手中這隻甘願被擒的鴛鴦，發現鴛鴦眼中淚水一滴一滴的滾了下來，彷彿又聽到那淒慘的叫聲，「我摯愛的丈夫啊！你為什麼不回來……」這才想到日前他所抓走的是這隻鴛鴦的另一半，那呼聲就是手中這隻鴛鴦內心的吶喊！再看看牠汩汩不停的眼淚，他有所領悟得心痛起來，輕輕的把手中的鴛鴦放回水裡，以無限歉疚的口吻對鴛鴦說：「對不起，請你原諒我好嗎？因為我的無知，如此殘忍的拆散一對同命鴛鴦，所以你也不想獨自活下去了是嗎？謝謝你這無言的淚水。」

天地間的每一種生物，都有一顆真摯的心，當被欺凌、被破壞時的那種椎心痛苦，真是生不如死！他終於了解佛家所說「一切眾生皆有佛性，萬物平等，誰也沒有權利剝奪他人的幸福」，說著說著，他流下懺悔的淚水。忽然，這隻鴛鴦游向一顆大石頭，然後將頭猛然撞向石頭。他正要過去搶救，鴛鴦的頭已然垂下，鮮血把周遭的湖水染得一片鮮紅。他被這種強烈的真情感動得無以自容！回到家裡，他把那些獵來等待宰殺的動物全給放了出去，第二天他把頭髮剃了，然後入了寺院。

士紳成了行腳僧，他到處遊歷，勸人不要殺害動物！每一個動物，都有一顆非常美麗的心，身為萬物之靈的人類，卻每天為了貪圖口腹之欲，而把那一顆顆美麗的心給扼殺了，那是多麼殘忍的事啊！

《入楞伽經》：「是故修行者，慈心不食肉；食肉斷慈心，離涅槃解脫；及違聖人教，故不應食肉；得生梵志種，及諸修行道；智慧及富貴，斯由不食肉。」

《大般涅槃經》：「不食肉、不飲酒，五辛能熏，悉不食之。是故其身無有臭處，常為諸天一切世人恭敬供養、尊重、讚歎。」

印光大師：「念佛喫素為護國息災之根本。」

《長阿含經》中有四食：段食、觸食、思食、識食的說法。段食指的是米、麵包等長養色身之食物。觸食指的就是感覺器官，從感受自外界而來的種種觸覺，而去體會人生的樂趣。例如：喜好游泳者感受到水之於身的樂趣；喜養生者，當成為素食者之後，發覺腦筋更加靈活，感受法喜充滿最高的愉悅！思食意謂人的意志。識食是指心是維持生命的資源，長養名、色，故曰識食。

名利權勢都是浮雲！生命健康才是一切！歸根究柢，人性很複雜。當你失去健康的時候，你會覺得健康最重要，其他都是浮雲。當你擁有健康的時候，你不會認為健康就是一切，你可能會追求體面的生活。當你不再為物質生活這些與利相關的東西操心時，你可能會追求名。從某種程面來說，人的不滿足正是社會進步的動力，但若因追求名利而失去健康，得不償失！

我們很多的需求，是為了下一代的實際利益，有能力的人，做出更多努力，也是為了社會，擁有好的身體，才更能創造價值，每個人都應該修練，理性的克制欲望。

對待生命在任何情況，從體會愛惜一己生命開始，進而愛護眾生，最後要愛惜保任自己的本心。

三、《永不放棄》

勵志電影《永不放棄》改編自真實故事。主角彼爾出生後即確診腦性麻痺，在他很小的時候，父親過世，他和母親在彼此的生命旅途中相互依靠扶持。

彼爾三十多歲了，模樣幾十年來有些嚇人，背脊彎曲，腳步踉蹌，右手彎在後背無法活動，腦性麻痺也讓他的臉部扭曲，肌肉不時抖動。母親鼓勵彼爾，希望他勇敢謀職，找到人生的真諦。彼爾不負母親期望，找到推銷員的工作，他的父親以前也從事推銷工作，曾獲得最佳推銷員榮譽，母親將父親的懷表轉送彼爾，祝福他跟隨父親腳步成為優秀的推銷員。

推銷員必須上門推銷產品，勢必承受各式各樣人的臉色和歧視，還要能不膽怯，是非常需要勇氣不能氣餒的工作。果不其然，他被一名客戶客訴驚嚇到小孩，但他面對問題，更沒有要放棄這位客戶，再次登門拜訪，運用指尖玩偶跟小孩玩耍，拉近彼此關係，當然就得到了這位客戶的肯定，工作也逐漸有了起色。但是，彼爾的母親卻罹患了老年痴呆症，彼爾承擔責任，盡心盡力照顧母親直到去世。

隨著網路時代的普及，上門推銷產品受到相當大的衝擊，彼爾因此感到落寞。轉眼間，當年被彼爾驚嚇到的小孩子已經長大，他對彼爾說：您是連接我們鄰居的紐帶，希望您再登門來訪。

頹喪的彼爾幾番思索，決定再度展開推銷員生活，他重拾了信心。在他熟稔的地方，在熟識的人群裡，他以無比的毅力，展現自己的存在，更活出生命真正的價值。

發明家愛迪生（Thomas Edison）曾說：「我們最大的弱點在於放棄，再多嘗試一次，永遠是最接近成功的方法。」人生的各種滋味，都是滋養；成功和失敗，都在累積我們經驗，心裡頭的雄心壯志，等著我們嘗試，不論結果，過程都展現了我們的氣度和全力。不要害怕失敗，敢放手一搏，才有機會邁向目的地。

四、健康關鍵在預防

如果我們病上一週，會感到錢財不是頂重要，最在乎的會是身體和家人；但病上個把月，會發覺錢財滿重要，當然身體和家人更是重要；而一場重病拖上大半年還沒能有結果，這時或許願意用全部的錢財和名聲，換回心中最在乎的人事物。

可惜，我們都是常常在病痛好了之後，就遺忘當初感觸的人。

多數的華人，對於老病少有規劃，充滿活力的時候，很少體貼的對待身心好好養生，在生命的盡頭，才將一生的積蓄用在投藥、手術等等治療，然後……離去。

曾經看過警語：

「美國人：用一百塊錢養生，五十塊錢買保險，十塊錢看病，一塊錢搶救。

中國人：用一塊錢養生，十塊錢吃藥，五十塊看病，一百塊錢搶救。」

疾病，我們遲早都會遇到，也常常發生的突然，我們能做的，是預防！也就是讓身心保持在平衡狀態。比如生氣會擾亂心神，不管氣人氣己，都會造成氣滯，造成血壓波動和新陳代謝失序，健康自然受到影響。比如每天不活動身體或無法定靜下來養神，造成身體的能量、活動力不足而鎮日萎靡和心神不寧，或許自律神經失調就不遠了。

面對人間萬事，保持強健體能之外，建議消消氣，更要無氣可生，再來是大肚能容，心境愈好的狀態，疾病會離得愈遠。布袋和尚有二首詩偈：「手把青秧插滿田，低頭便見水中天。心地清淨方為道，退步原來是向前。」「我有一布袋，虛空無掛礙，打開遍十方，入時觀自在。」可從中慢慢體會學習。

以下提供幾個預防身心失衡的面向，方便日常運用：

1.情緒要得到抒解，比如傾訴或書寫。

2.懂得放下，不要陷入問題，想得開才能有餘裕換個角度真正省思，或許問題反而迎刃而解。

3.養成運動的習慣，運動能夠帶來愉悅的感受，也培養耐力和體力。

4.休閒娛樂也相當重要，從中可以活絡身心，也會發現適合自己待人處事的方法。如此下來境界自然提高，面對一切仍能保持身心的輕盈。

五、病苦化力量

眾生都會生病，生病是提醒我們從病苦中省悟人生，走進修行讓心靈有寄託，只須虔誠，就能與諸佛菩薩感應，一切身心的病苦就能得到撫慰。

我們的軀殼是四大假合，雖說病苦也是空，但為了要能有足夠的體力精神來修行，就要珍惜這副皮囊。生病雖然有醫藥、親人及佛菩薩可以倚仗，但最重要的是靠自己！面對病苦若自己感到喪氣無力，將無法保有樂觀的心態，對身心狀況將只有壞處。煩惱一旦生起，不要過度耽溺其間，要透過修行找到調伏情緒的方法，調整整個身心進入清淨地。這裡頭邊學邊做的轉念和轉化，會為病苦的身心帶來力量，煩惱變菩提，人生的境界將會不一樣。

遇到病苦，誰都不願意，早早讓養生成為習慣，相信可以減少病苦或延緩到來的時間。養生重在中道而行，以下中醫學的說法，可為養生參考：「久視傷精、久聽傷神、久臥傷氣、久坐傷脈、久立傷骨、久行傷筋、暴怒傷肝、思慮傷脾、極憂傷心、過悲傷肺、過飽傷胃、多恐傷腎、多笑傷腰、多言傷液、多唾傷津、多汗傷陽、多淚傷血。」

六、四氣調神論

《黃帝內經》論述四氣調神，主張治「未病」，也就是預防的觀念，援引於後，供參考：

「春三月，此謂發陳，天地俱生，萬物以榮，夜臥早起，廣步於庭，被髮緩形，以使志生，生而勿殺，予而勿奪，賞而勿罰，此春氣之應養生之道也。逆之則傷肝，夏為寒變，奉長者少。

夏三月，此謂蕃秀，天地氣交，萬物華實，夜臥早起，無厭於日，使志無怒，使華英成秀，使氣得泄，若所愛在外，此夏氣之應養長之道也。逆之則傷心，秋為痎瘧，奉收者少，冬至重病。

秋三月，此謂容平，天氣以急，地氣以明，早臥早起，與雞俱興，使志安寧，以緩秋刑，收斂神氣，使秋氣平，無外其志，使肺氣清，此秋氣之應養收之道也，逆之則傷肺，冬為飧泄，奉藏者少。

冬三月，此謂閉藏，水冰地坼，無擾乎陽，早臥晚起，必待日光，使志若伏若匿，若有私意，若已有得，去寒就溫，無泄皮膚使氣亟奪，此冬氣之應養藏之道也。逆之則傷腎，春為痿厥，奉生者少。」

七、大自然的療癒

二〇一八年十一月二日，中國傳媒大學副教授也是著名主持人李詠在美國紐約因喉癌病逝，得年五十歲。連續十七個月在美國全球頂尖的癌症腫瘤治療中心梅奧診所運用先進的癌症治療技術，也留不住李詠的生命。

中國作家雷傳桃在〈一位大學教授抗癌記：逃離醫院，逃離大都市，結果如何？〉文章裡，提到上海同濟大學教授、著名作家馬原，他罹患肺癌後選擇自癒抗癌療法，最終成功擺脫癌症之苦。

馬原選擇離開上海大醫院，來到海南，每天泡溫泉、騎自行車，再與小他二十多歲的退役運動員新婚妻子牽手散步，幾個小時就這樣過去。

住在海南五年後，馬原夫妻決定在雲南西雙版納的小山村落地生根，每天在農地庭院忙著整理果樹、花卉、蔬菜，也養起雞和狗，完全融入山居生活。最終馬原抗癌成功，肺部腫塊完全消失，兒子也誕生了。這麼多年的休養生息，雖然讓馬原的寫作生涯中斷，但卻無師自通成為畫家，後來也繼續撰寫，完成了《逃離：從都市到世外桃源》長篇紀實文學和《牛鬼蛇神》、《黃棠一家》長篇小說，一時間轟動文壇。

馬原沒有選擇「手術、放療、化療」的治癌模式，選擇回到極自然的環境，有充沛的戶外運動，加上自己栽種的瓜果蔬菜，滎養出愉悅輕鬆的心情，調整出正常強大的身體機能打敗癌細胞。這樣的結果，令人震驚自然的力量！

第四節 佛理

一、生病的原因

會生病並非只有單一原因，成因相當複雜，如飲食不節、身心過勞、心理問題、不良生活習慣等等。很多疾病更是由病毒、細菌、化學用品、人工食品、空汙、輻射等汙染源造成。以佛教觀點來說，分為業障病，以及機能性的病——四大病，因為人身由四大元素地、水、火、風組成，四大不調就會致病。

《瑜伽師地論》：「云何病苦？當知病苦亦由五相。一身性變壞故。二憂苦增長多住故。三於可意境不喜受用故。四於不可意境非其所欲強受用故。五能令命根速離壞故。」

《雜阿含經》卷十五說明疾病起因有六：一、因風起。二、痰陰起。三、涎唾起。四、眾冷起。五、因現事起。六、時節起。前四項細說四大不調引發的病況，第五項說明心理疾病，第六項指向季節因素。

《金光明經・除病品》提到致病三因素：一、四大諸根因素，指體質（四大元素）問題。二、飲食時節因素，即飲食問題。三、四季時令因素，環境問題。

《小止觀》〈治病・九〉論述三種得病的因緣：一、四大增損病相：論四大元素引發的不同疾病。二、五臟生患之相：說明五臟功能失調造成的不同疾病表徵。三、鬼神所作得病：由於鬼神作祟導致的疾病。

《佛說佛醫經》指人得病有十種原因：「一者，久坐不飯；二者，食無貸；三者，憂愁；四者，疲極；五者，淫佚；六者，瞋恚；七者，忍大便；八者，忍小便；九者，制上風（制止、強忍呵欠、噓嗽）；十者，制下風（制屁不放）。」

二、心病和身病

佛陀指出眾生病分心病和身病兩大類，然而設備和技術最先進、最完備的醫院，也只能醫治身體疾病，不能醫治心病。佛說的心病是指內心的貪執、恐怖、憂愁、憎恨、愚痴等等煩惱；眾生的煩惱有八萬四千種，即八萬四千塵勞，但可以用貪、瞋、痴三類歸納。煩惱無法透過再高明的醫術治癒，只有佛法才可以解除。

生病從古自今無人喜愛，要減少身體的病苦，唯有鍛鍊體魄，增強免疫力，但也不能忽略心病，淨除業障，積聚功德、福報增大，才能讓疾病大化小、小化無。別成為無福的人，讓病苦折磨。

《維摩經．佛國品》云：「寶積當知，直心是菩薩淨土。」直心是質直之心，此心是萬行的根本，是達淨土的正因。直心是菩薩淨土，是說菩薩不以諂曲、虛假心來對待眾生，而是以極坦白真誠的態度來度化眾生。若是以不正直的心來度眾，那所說之言語即為妄語、綺語，而非純正之佛法。故云「直心是道場」，直心是一片清淨的心地，也是淨土之因，菩薩以直心度化眾生而成就淨土佛國，所以受菩薩教化的眾生都是不諂媚、無虛假，有正直心的人才能成為淨土佛國的眷屬。

《楞伽經》中，佛陀對阿難說，你要答覆我的問題，應以直心答覆，不可稍有隱瞞。就好像有病去看醫生，應該將自己的情況，老實的告訴醫生，才好讓醫生對症下藥，治療病痛。由此可見，以直心修菩薩行的確相當重要。

發明家愛迪生曾預言：「未來醫生將不開藥，而是激起病人在維護身體健康、飲食和疾病預防等方面的興趣。」在這之後的兩百年，由美國疾病管制中心公布：「人的一生健康與否，一半以上由個人行為決定。」證實現代人對健康的觀念，從疾病治療轉變為預防醫學與保健養生。要擁有健康身體，先要以身、口、意三業清淨為前提。

「生、老、病、死」四苦當中，最難忍受的是病苦，所以佛陀要起大悲心救濟眾生的痛苦，而成就佛道的大悲心，視疾病為修行的良方，是成就菩提的妙藥。假若吾人身心安然地接受病，痛也就苦不到我們了。

心無形無狀、不言不語，忠心耿耿的跟著我們造了無數的善業、惡業、無記業，忙碌的我們無暇慰藉這一個終日辛勞也不發一句怨言的忠實夥伴，一旦心出了狀況，身體就跟著四大不調，百病叢生。

我們常說養病，但會生病是四大不調，所以應該說養生或是養息。從現在開始，好好面對處理自己的心病和身病吧！透過養生、學佛，淨化身心，遠離病苦。

三、看病第一福田

《佛說比丘疾病經》提到：

有段時間，佛遊行到舍衛國祇樹給孤獨園，與一千二百五十位大比丘生活在一起。

有位比丘生了重病，一人孤孤單單，沒有醫藥也缺衣被、食物，但沒人前來探視，更沒有同伴相陪以致沒辦法起身或動或清理，只能任由身上膿血不斷流出。他臥在床上嘆息：「事到如今，沒人能救助我、保護我！」

阿難看到，便對佛說：「世尊！我的身體沒有病痛，又跟隨世尊修學佛法。如來世尊大慈大悲，有一位比丘正受病苦，世尊能否護念他、救濟他？」

佛說：「在過去世無數劫，我曾幫過這位比丘，今生也同樣。」

很久以前，在一處少有人煙的地方，幾位修學五神通的人在那裡各自修行，但彼此相互勸勉和幫助，比如摘取了果實會共享，支援生活所需，規劃救助關懷等等，比如有人生病了，會得到照護，有年少的梵志遇上急難，會前往關懷。

有一位梵志，卻從來不加入，都不去探望重病的人，也不理會別人的急事。後來這位梵志有了急難，卻沒人向他伸出援手，生了重病，也沒有人前來照料。

五通仙人看到了心想：這位梵志很孤獨，乏人照護。心有不忍，於是前往問候：「年少梵志，你平日健健康康的時候，會和其他人相互問候嗎？有比較親近的友伴嗎？」

梵志回答：「我沒有和人互動，沒有親近的朋友，也沒有善知識，我的父母親人也住得很遠。」

五通仙人又問：「這裡住有許多梵志，你都沒有前去親近結交嗎？」

梵志回答說：「沒有。」

五通仙人說：「不親近結交朋友，就沒法遇到善知識，怎麼學習做人處事？你想想其他人，是不是都能夠互相恭敬、幫助，唯獨你不是？所以，你現在落入這麼孤獨的處境。」

五通仙人扶起年少梵志讓他坐好，接著帶他到自己的居所讓他安心，並帶他到親近的友伴處為他治療，接著說了偈頌，意思如下：

「出家，離卻了世俗，就要把一起修行的同伴看作兄弟。與其他梵志共住，卻不彼此供給、探視，當生病或者陷入困難時，只會陷入孤獨的處境、沒有支援。看看你現的樣子，日後，你要與同修梵行的人交朋友，對大家要普行恭敬，彼此照顧、探望。」

佛說完就前往探望生病的比丘，問道：「你生病了，有人來看護你嗎？有足夠的醫藥、床鋪、臥具嗎？」

病比丘回答：「我孤獨無伴，沒人看護，更沒有醫師、藥品。我離家很遠，離開了父母，更沒兄弟、親友，沒有可以照顧我的人。」

世尊又問：「當你健壯時，曾經前往關懷過生病的人嗎？」

病比丘回答：「沒有。」

世尊告訴病比丘：「當你強健時，不去探望關懷一起修行生病的人，那你想想，有誰會在你需要探望、關懷時前來呢？任何事情都有前因後果。佛是三界：欲界、色界、無色界一切眾生的救護者，救度地獄、畜生、餓鬼、人、天等五道眾生，一定不會捨棄你，我前世救助你，現在同樣也會救助你。」

佛扶起生病的比丘，正要用水幫忙洗浴時，天帝釋因為聽到佛的話語，就用如同伸出手臂那樣快的速度，從天上下到人間，搶著為病比丘清洗。

佛說：「帝釋，你處在天上芬芳潔淨的環境，怎麼來此清洗汙濁惡臭的人？」

天帝釋回答：「如世尊剛才所言，這位比丘一向不探望生病的人，也不懂得互相照顧，如今落得孤獨一人，沒人救助。佛功德具足，是十方所有眾生的救護者，什麼都有了，卻還前來探望、照料生病的比丘，而我罪福未斷，還沒能究竟解脫，怎可以不多多累積福德呢？」

佛於是親手清洗，天帝用水澆淋，再協助生病的比丘躺下，餵藥後，藥到病除。接著，佛為這位比丘說法，比丘當下證悟。世尊以一段偈頌闡明此事，大意是：

「人應當探望生病的人，問候遭遇危險、困厄的人，善業惡業一定都會有報應，好比種下種子，定會結出果實。應當視世尊如父親，視經法如母親，視同學為兄弟，能夠這樣就可得度。」

佛說法後，聽聞到的人無不充滿歡喜。

《增一阿含經》云：「設有供養我，及過去諸佛，施我之福德，瞻病而無異。」意思是如果有人供養佛，或供養過去的諸佛，這樣的功德跟我們探望病人的功德是一樣多。

《梵網經》菩薩戒有一戒條：「若佛子！見一切疾病人，常應供養如佛無異……看病福田是第一福田……菩薩若以惡心瞋恨……見病不救者，犯輕垢罪。」這在說知道有人生病卻不去探望，是犯了輕垢罪。

學佛的人，更應該比一般人明白互相幫助的重要性並起身力行，出家了，也應「視世尊為父，視經法為母，視同學為兄弟」；《大智度論》也說：「佛如醫王，法如良藥，僧如瞻病人」，佛如同大醫王，能救度眾生；法是良藥，法水可以袪除貪瞋痴三毒；僧如瞻病人，同修道友理當相互照應。我們應當好好省思佛的話語，依教奉行，廣種福田。

第五節 轉苦為樂的故事

一、伍員外得病的故事

《瑜伽師地論》卷八十九云：「於諸善品，不樂勤修；於諸惡法，心無防護；故名放逸。」《俱舍論》卷四也說：「放逸，不修諸善，是修諸善所對治法。」

一個循規蹈矩、小心謹慎，兢兢業業於學業、事業、道業的人，絕不可能放縱身心去做五欲塵勞的奴隸，而一個人放逸與否，視其工作態度，即可得知。如果在上班中，頻頻抬手看表，等待下班時間趕快到來的人，是個放逸者；如果一個人，上班認真，專注於工作上，是精進者。

古時山西有一富人伍員外，家產富饒，生活奢侈。他模仿宮殿，建築華廈；用翠柏為梁，紅粉為壁，文石為牆。且在廳堂中掘一水塘，上蓋水晶磚，池中養著金魚、綠藻，透明可見，客人坐在屋中，如居住水上一般，清涼無比。另置有七寶牙床、遊仙枕、鳳翔扇、龍髯拂，以及周朝的鐘、商代的鼎，歷代各國的珍品稀物，無不廣為蒐集。每餐飲食，都用金盤玉杯，由侍婢穿著錦繡綢緞，分立兩旁，雙手捧錦盒美饌，任其挑選，中意時，即由侍婢跪著呈上，任他取食。

每晚必備酒席宴客，點上蠟燭萬條，照耀得內外通明，如同白晝，歌舞通宵達旦。待其倦累時，又要侍婢在窗外彈奏清音妙曲，直到伍員外睡熟後才可停止，當他一醒，又得再彈奏。

又養了一批戲班，每天演戲，伍員外親自操鼓，和其鼓聲出調之伶人即重賞，因此每天耗費千金，仍屬平常。有智者規勸，如此奢華必遭天譴，他仍然我行我素、充耳不聞。諺云：「花無百日紅，人無千日好」，福盡禍至，樂極生悲。幾年後，伍員外得了疾病，每餐仍是山珍海味，但已無法下嚥，躺臥在床，呻吟不已，稍有一點聲響，就驚嚇得冷汗直流，六神無主。醫生也把不出脈象，無法下藥。四方打聽，重金禮聘之下，有一道士略懂岐黃之術，配了幾帖丹藥給伍員外服用，一開始瀉了不少穢物，伍員外覺得稍感舒適，為使病情快好，就連續服用數帖丹藥，過沒幾天，身體日漸腫脹，遊方道士也不知去向，沒有人敢開藥，於是伍員外的身體一天一天的脹大，像個圓滾滾的氣球，只見他日夜哀嚎不已，聲如牛吼，不久終因全身腫裂、流血不止而亡。這是縱欲、放逸過度的一個例子。

世間人往往好逸樂，在財色名食睡中打轉，迷失在錯誤的知見中，起惑、造業、受苦。若能捨離放逸之心，迷途知返，親近善知識，念念皆在法上，即能轉識成智、轉染汙成清淨。如此身心解脫，才是真正的自在。

《別譯雜阿含經．卷四》：「於諸善法中，不放逸最勝。若當放逸者，賢聖所譏嫌；若不放逸者，獲於天帝位，於諸天中勝。於作無作中，不放逸最勝。若不放逸者，坐禪盡諸漏，逮得於勝果。」

南傳佛教論典中說，放逸是以「心」的放縱五欲（色、聲、香、味、觸）為特相；以「念」的迷戀五塵境（財、色、名、食、睡）為現狀。儒家也說：「業精於勤，荒於嬉。」也就是在警惕世人若縱情欲樂，則無法成就正業。

二、郭教授的故事

郭教授參加我在南台別院開設的《楞嚴經》課程，並從二〇一〇年擔任班長至今。提供一篇他被選錄在《佛光山靈感錄》裡的文章，看他如何走出憂鬱症的的病苦：

「一九九三年暑假，由於博士論文撰寫遇到瓶頸，在學弟的遊說下，參加佛光山北海道場所舉辦的六天五夜夏令營。次年五月在佛光山別院台北道場皈依，從此開展了我學佛的因緣。

回首二十年光陰，為了取得碩、博士學位，自一九八六年九月到一九九四年一月，長達七年，作息日夜顛倒。取得臺灣科技大學工業管理博士學位後，進入學校教書，從一九九五年至二〇〇〇年擔任企管系系主任期間，歷經專科改制學院、技術學院升格科技大學，我每天拖著疲憊的身心回家，感冒老是不能痊癒。好不容易卸下系主任一職，體能才剛要恢復，又發現兒子鼻子過敏愈來愈嚴重，我的眼睛也開始惡化，腸胃狀況百出，這時同校教書的太太也考取博士班，為了讓太太安心教書及進修，我在健康狀況不佳的情形下，一邊教書，一邊承擔部分家務工作。

二〇〇五年五月，家母罹患重症，我必須常回臺中探望，這段期間我常常覺得胸悶、心跳加快，再加上經常胃痛，晚上無法入眠，身心所承受的壓力達到極限，經過反覆的檢查、服藥仍無法改善。隱約知道自己得了憂鬱症，當時我一直思索著：我十年茹素、布施、誦經，在家自修，研讀經典，為何落得如此下場？我的問題到底出在哪裡？

我又生性容易焦慮，面對一連串的工作壓力，身體病痛，曾有輕生的念頭，只不過每次輕生念頭一起，便立刻浮現另一個念頭：學佛的人不該用這種方式結束生命。就這樣不斷的反反覆覆，有如天人交戰。後來，在太太的鼓勵下，我決定走出去。回想起二〇〇五年八月，學校舉辦教職員至佛光山二日禪修活動，我有緣參加，因而認識佛光山分院台南講堂住持覺元法師。

二〇〇六年二月在身心煎熬，不得自在之下，想起台南講堂住持覺元法師，於是前往尋求解決之道。三月，精神科醫師證實罹患了憂鬱症。我開始與大眾接觸、共修，參加了生平第一次的慈悲三昧水懺法會，之後又陸陸續續利用假日參加梁皇法會、八關齋戒、大悲懺等法會。除此之外，也在佛光山社區學苑選讀兩門課程：一為覺元法師所講授的『宗教與人生』，由《法華經》認識佛陀的大乘思想如何在生活上落實修持；一為永本法師的『中國禪宗』，強調生活中處處是禪，如何於紛擾不安的環境中，學習面對問題，學習放下。

此後，不論是上班或是居家，我也沒閒著，一心默念『阿彌陀佛』聖號，偶爾也靜坐。尤其在睡前習慣默念佛號，不知不覺就睡著了，即使半夜習慣性醒來，腦中焦慮及妄想雜念也消失無蹤，五月中旬，我停止服用憂鬱症的藥物。這一個月以來，心跳加快的情形消失了，睡眠品質愈來愈好，我勇敢面對造成我憂鬱症的人與事，那一刻心情平和，對於過往所發生的一切了然於心，不知不覺的輕安起來。

雖然克服憂鬱症，我仍得面對人事與身體病痛，只不過心境轉變，讓我有勇氣面對更多的挑戰。

回首這幾個月的種種歷程，我深刻領悟：堅定的信仰使人擁有希望，拜懺可以學習謙卑，減少業障，積集福慧。善知識的引導，則可以如法修行，減少身口意造惡業。時值佛光山開山四十周年，我也恭逢其盛，參與六月十八日的朝山禮佛，從三步一拜中去感應佛陀的智慧與慈悲，享受無比的寧靜與歡喜。這一切都要感謝太太鼓勵我走出去，永本法師、覺元法師及台南講堂所有法師與師兄師姐在學佛路上給予我扶持，更深深讚歎星雲大師落實推動人間佛教，給予五濁惡世的眾生有了歸依處。認識住持以前，我的住家離講堂大約一至二公里，進講堂也許不到五次，當時個人認為禪坐與閱讀經藏就是修行，『阿彌陀佛』佛號幾乎不從口出，更從未參加法會。遭遇逆境後，參加了生平第一場法會慈悲三昧水懺，接著大悲懺、梁皇寶懺乃至於八關齋戒，許多的法會從年初到年底，從虔誠的禮懺中仰仗佛菩薩的加被而勇於面對逆緣，不斷的誦念佛號身心得以安住，之後學習正確禪修方法，同時在永本法師的引導下重新認識經藏。整個過程可說是借助他力開發自力，如今回首百感交集卻也喜不自勝。

因緣具足了，法水自可流入心田，好好把握當下聽經聞法的機緣。感謝依昱法師不辭辛勞開授《楞嚴經》課程，使學員能領悟佛陀如何教導弟子辨證思惟，即使還須授課五年乃至於十年，以平常心慢慢的領略楞嚴之美。有了文字般若熏習，當可於日常生活中起觀照，一旦起心動念能善加守護，身心必能自在輕安。」

三、加護病房日記

去年，因為感染時疫，導致昏迷。這一昏迷由救護車載到急診室，非常感謝有緣者和親屬即時誦念《金剛經》、《藥師經》、《慈悲三昧水懺》，昏迷三日後才醒了過來。嘴巴已經不能講話，因為插管——鼻胃管，胸腔也插了管，非常痛苦。

昏迷中，耳邊一直有一個聲音在告訴我：「還有一本書寫生命的書還沒有出版，趕快醒過來！趕快醒過來！」

生死一瞬間，一天當中家屬收到三張病危通知。在自己的人生歷程當中，希望這是唯一的一次住加護病房，同時也想以一個平凡人的心態來敘述，自己真正在加護病房中遭遇到的種種情況，讓大家有所反思。

（一）鼻胃管進食：因為插著鼻胃管，所以進食的時間都有規定，都是由護理師處理。一天晚上十點多，覺得整個胃很空很空，相當不舒服。用筆在紙上寫著，問護理師為什麼胃會這麼難過，護理師說本來晚上九點有一瓶點滴進食，因為前面一位值班護理師沒有申請，所以我必須忍耐一晚到第二天的早上八點才有。生病已經相當不舒服，又缺乏能量補給，那種慘況可想而知！

（二）等待是正常：在加護病房中，大夜班的護理師不多，一個護理師必須照顧好幾個身上插了管、無法下床的病人。有任何狀況要麻煩護理師處理，只有耐心等待，一個小時、兩個小時，有時候要等到三個小時，才有人來幫你處理。那種窘況，不是語言文字所能形容！

（三）誠心懺悔：在加護病房中，我誠心懺悔業障，念佛祈求諸佛菩薩、龍天護法加持，讓我可以自主呼吸。醫師、護理師都在幫我加油，皇天不負苦心人，第四天終於可以自己呼吸。那種感覺非常的美好，能開口說話，也不用再寫紙條傳達意見。這個時候，深刻體會到，人可以正常的呼吸是多麼的難能可貴。「阿彌陀佛」，無比感恩！因身上還有點滴，不然真想馬上下床頂禮膜拜！

（四）正常飲食的可貴：住在加護病房，鼻子插著鼻胃管，嘴巴呼吸道也插管，沒辦法自由喝水，醫師說喝水會嗆到，危險！只能以棉花棒沾水滋潤嘴唇。實在很渴，竟然渴到連漱口水都喝了下去。這個時候才體會到，平時可以正常喝水是多麼幸福的一件事啊！

健康真的很重要，哪一天失去自主能力，一切任人擺布，連發言的體力都沒有，實在是不堪想像！希望就這麼一次，雖然從過程得到許多寶貴的經驗，和智慧的成長。借假修真，色身還是必須照顧好，才能做到修行度眾生，解脫生死。如果連最基本的保持健康都達不到，再多的理念、理想都是空談，更別說是離苦得樂、轉迷成悟。

常聽人問說，生到死有多遠？其實就是呼吸之間。說長很長說短也短，只要一息尚存，人就活者，一旦呼吸停止，就逝世，所以珍惜人生。

前年底寒流來襲，短短不到一個月全臺灣就有三百多個人去世，涵蓋各年齡層。所以，有些疾病跟年齡沒有太大關係，任何人都應注重自己的健康管理和心靈建設，這非常重要。

有位多年的好友，訴說近來日子較為繁忙，一問之下才知是他七十二歲的先生住院，已經裝過二個支架，現在住院要再置入二個，原因為心肌梗塞。

朋友說比起中風，裝支架算是非常幸運的，也因為有信仰，一切看開。可是，如果連支架都不用裝，那該有多好……朋友又說，先生早期殺生很多，因為以前家裡開餐館，所以身體也糟蹋好幾十年了。朋友先生懂命理，算到自己有幾個大關卡，知道生病住院免不了，認為已經大事化小事，但後來又病發，嚴重到進出加護病房好幾次。

覺得既然已經體認到殺生帶來業障果報，就應當在懺悔業障方面做得更好，譬如說發願，拜懺禮佛回向，總功德回向。可能連加護病房都不用進，支架也不用裝。但是，凡夫終究是凡夫，很難真正打從自己的內心去懺悔，去改過，消業障。

四、養老院的故事

在臺灣如果提到養老院，老人和子女都會感到不舒服，因為有不少人認為把家中老人送到養老院就是不孝，而老人也會認為自己不被重視，年輕人嫌他們麻煩，所以才把他們送進養老院。日本愛知縣卻有一家養老院，不用子女苦口婆心勸說，老人都很喜歡去，這家養老院叫蒲公英介護中心，有「老人的迪士尼」之稱號。

在這裡，老人可以插花、可以跳舞、可以享受大餐、可以開party、可以歡唱卡拉OK，沒事就來個下午茶，而且運動會是常常舉辦。這個介護中心是日本規模最大的養老院，集合了二百五十多位老人，有九十名員工。夏天老人們練習水上芭蕾，冬天泡溫泉，各種娛樂活動多達二百五十多項。每位老人每天的花費卻只有七百四十三元，所以不管是老人還是員工，臉上都帶著滿滿的幸福感。

最早的時候，這家養老院跟一般的沒有兩樣，看護人員時常調動，不管看護人員怎麼引導，老人們始終是無精打采，對日常活動、看護訓練都當作沒聽見，因為老人們已經喪失對生活的熱情。負責人於是絞盡腦汁不斷策劃活動，但頹喪氣氛一直沒有辦法改變。一直到發行SEED貨幣。這個貨幣由養老院自己發行，有一百元、五百元、一千元、五千元、一萬元等五種面額，每個人一開始有五百元的基礎資金，只要積極的參加看護訓練或者配合工作，就可以獲得七百元到上千元的貨幣。

這個設計的靈感源自於陪伴老人的過程中，院長了解到，老人退休後，一生的儲蓄全部交給子女保管，自己也衣食無憂，導致他們強烈的缺乏自身價值感，如果讓老人回到熟悉的賺錢存錢花錢模式，或許可以讓老人因此而有了目標，重新找回奮鬥的動力，果然，瞬間點燃了他們生活中的火花。

原本需要被照顧的老人開始主動要求自己做事，很簡單，因為這樣有錢賺；曾經躺在床上不願動的老人，也開始堅持每天下床走個七百公尺；甚至那些較高收入的看護項目，也出現了大排長龍的局面。所以老人們動了起來，他們的精神面貌和健康狀況明顯改善，痴呆的病患率更是大大降低。

他們賺了一定的貨幣後，老人有機會可以做自己想做的事，比如：買喜歡吃的糖果零食，賺了幾萬元可以安排外出行程，有了五萬塊就可以逛街購物等等。

這個史無前例的創新很快被媒體報導而紅遍日本，很多老人慕名而來，參觀之後，強烈的要求子女把自己送來這裡。

就這樣，失去人生意義的老人重新找到了他們自己的價值觀，現在他們想的是努力賺錢，然後實踐下一個目標。連院長也不由得感嘆：「充分尊重每個人的心意而選擇平等的幫助每一個人，讓他們重新感受到開心幸福，讓他們感受到對生活的期待及作為人的價值，這才是真正的看護啊！」透過貨幣的運作，老人重新找到活著的目標，也讓個人尊嚴與價值實現，他們人生的第二個春天重新被點燃。

五、李豐醫師的故事

幾年前，在一個偶然的場合遇見臺大醫院主治醫師、國立臺灣大學醫學院病理科副教授李豐醫師，雖然初次見面，可是和李醫師一見如故，談了一個多小時。很感謝李醫師提供很多健康訊息，也送了兩本書，後來我邀約李醫師到成功大學、佛光山南台別院、臺中惠中寺演講。非常感謝李醫師不辭辛勞來為大眾講說自己生病的心路歷程，還教大家做黃豆棒，自我敲打保健，聽眾們都很有收穫。李醫師告訴我，他一心向佛，只想到阿彌陀佛的極樂世界去，所以不使用手機，對一切世間的物質享受，更認為多餘，只有心靈快樂、自由，才是至高無上的法喜。

李豐醫師於二〇〇二年十月由玉山社出版《我賺了30年——李豐醫師的生命故事》，分享他的生命經驗。以下是部分內容和李醫師的精采談話：

「與淋巴癌和平共處，是我此生最大的挑戰，感恩它，讓我學到很多，也獲得很多難得的經驗。更重要的是讓我體驗到，健康必須靠自己。

（一）負面思想影響療效

三十年前，當我還在加拿大的多倫多研究所進修，正慶幸尚有一年，研究所的功課便可以結束時，竟被發現患了癌症。證實是癌症的第二天，我工作機構的老闆來看我。首先，說了一大篇他心裡如何難過的客套話。然後告訴我，在社會上做事，好比一個大機器中的小螺絲釘，只要中間有一個小螺絲釘停止工作，都會影響整個機器的工作效率。接著，他指著我說：『而你，顯然會有很長一段時間不能工作，所以，很抱歉，請你馬上辭職。』當我的男朋友也明顯的疏遠我時，我了解到，自己竟完全被孤立起來。我不但失去工作，人生也幾乎完全被否定掉。因此，我的情緒降到最低點，我想到自殺。癌症經過手術，很多個療程的放射性治療，因為療效不佳，經過一年多，仍然時好時壞的原地打轉，癌並沒有完全消失。

最後只剩下化學治療一個辦法。當時的化療，以目前的眼光看起來，是相當粗糙的。治療了一段時間後，血小板變得很少，不小心一碰，到處都會瘀青，如果內部大量出血，就可能致命。與主治醫師商量，是否可以暫時停止治療，主治醫師竟然不同意。在這種『吃藥會出血致死，不吃藥又會病死』的情形下，做病人的我，的確非常為難。考慮再三，決定做個反叛的病人，我自己把化學治療停掉了。現在回想起來，是當年的反叛救了自己。

(二)丟掉藥罐子調養身心

直到回到國內，回到熟悉的環境，不但重新獲得舊日友情的溫暖，而且，還很幸運的恢復了工作。這些轉變，使我的情緒漸漸由消極轉變為積極，癌雖然還在，我卻漸漸學到如何與它和平相處，它並沒有再發。可是由於身體很孱弱，治療後的副作用層出不窮，不斷住院又出院，我也變成肚量很大的藥罐子。

一直到十多年前，因為高燒兩個星期不退而住進了臺大醫院，經過諸多檢查及會診，醫師宣布我第三度得到肺結核。當時我當然很沮喪，可是也只好乖乖認命，照醫師的處方服藥。在服藥第三天抽血檢查時，竟發現還因服抗結核藥物而罹患了中毒性肝炎。於是我很自然的又反叛，停止服藥。每天不是睡覺，就是靜坐。經過一個月，再照胸部放射線檢查，發現醫師說的肺結核竟然不見了。這個發現讓我瞭解，一個月前的肺結核應該是誤診，因為肺結核是不可能不吃藥而在一個月內痊癒的。這個發現，讓我不斷深思，平白吃這麼多藥，卻惹來一身副作用。我以後到底是會因癌症而死？還是因其他併發症而死？這次住院，讓我下了決心，從此不再靠藥物，果然從那以後，我沒有再吞過任何一顆藥丸。

（三）信念：健康靠自己

這次住院，也讓我看到了西醫的極限，我開始深思除了藥物以外的方法，我也讀了不少書，也去探討甚至淺嘗了不少民俗療法，發現最根本的辦法，還是靠自己，靠自己去做觀念的修正與飲食生活的調整。

經過十多年的努力，我發現我的想法是正確的，從此以後，我沒有再住過院，近年來連感冒都很少了。觀念的修正，其實就是自我反省。『我好好的，為什麼會得癌症？』很多人一聽到醫師宣布自己得了重病時，往往都會顯現出一副無辜的模樣，希望用切、割、毒、殺等外來方式去除疾病，然而，疾病真的會沒來由的產生嗎？世上絕對沒有這種『好好的就突然生病的事情』。以感冒為例，如果真要病人做自我反省的話，通常患者都會表示，自己在感冒之前，曾經一連熬了好幾個通宵，有些人會說，自己最近吹了冷風、淋了雨，有些人則說，工作的壓力很大，常常頭痛又失眠。事實上，諸如此類的現象，都是導致感冒的因素，接句話說，假使病人的敏感度及警覺性夠的話，自然能夠做到『防患未然』的目標。

以我的親身經驗為例，在加拿大念研究所時，所以會得到癌症，同樣是其來有自。首先，我天生怕冷，卻選擇到加拿大念書，基本上已經違反了健康的大原則。其次，為了負擔家計，邊念書、邊工作。常常為了多省下一些錢寄回家，以致於早、午餐都只吃一個三明治夾起司，到了晚上，才煮些麵條並搭配超市冷凍的青豆及便宜的雞胗、鴨胗。事後，我才明白，原來自己長時間吃進許多可怕、有害健康的食物。再加上老闆又是猶太人，對員工非常嚴苛，其身心所承受的壓力自然是可想而知，在那段工作緊張、沒有朋友，一天天重複著上班、下班及念書的日子中，健康情形自然是每況愈下。還好，後來癌症救了我。讓我有足夠的理由離開那樣的環境，找到生路。生病，不是細胞叛逆，是自己無知對細胞加壓。其實，身體發生了疾病，並不是細胞叛逆，違反了主人的命令，而是主人無知，拚命對細胞加壓，卻不知道早已超過細胞能夠容忍的限度，於是，細胞只好應變。生病，不過是受不了委屈的細胞在喊救命的聲音而已。如果把觀念改一改，承認生病該由自己負責，對自己的行為，心生慚愧，而努力自我反省，並感恩不盡的以滿心歡喜的心情去看待自己的改變，儘量善待自己的細胞，努力不讓它們受到委屈。如有需要，再配合適當的醫藥治療，那麼，即使是病況已經相當嚴重，仍然有很大的痊癒空間。而且，不只癌症，得任何病即使治好了，不表示已經完全痊癒。若不善加調整觀念及生活、飲食，也都可能再得病。我曾在顯微鏡下觀察，一位已治療好的鼻咽癌病人，二十六年來癌症沒再發，在他去世後，其鼻咽組織仍看得到癌細胞，只是癌細胞被正常細胞包圍著而已。所以，改善體內環境，使癌細胞沒法生長，是個一輩子的功課，偷懶不得。

（四）調整飲食習慣改善體質

調整飲食習慣是改善體質最直接而快速的方法。一般人的營養，都是從嘴巴吃進去的。這是說，製造體內負責新陳代謝的每一個細胞的材料，都是由飲食而來。從另一個角度來看，也可以這麼說，你就是由你吃下去的食物變成的。所以，如果飲食中充滿致癌性物質，日後又怎麼可能不患上癌症？食品添加物，是另外一個使食物的品質發生改變的因素。因為食品添加物有很多都是致癌物質，如果常吃加工食物，到底會同時吃進多少致癌物質，還真沒有辦法知道。飲食的量，也會影響營養。過去，在貧窮的時代，吃得不夠，營養不良，當然會影響體質。現在，經濟情況良好，倒是吃得太多，而造成營養不平衡，也累垮消化組織，引起所謂的文明病，像高血壓、心臟病、肥胖症、糖尿病等等，使體質受到影響。針對這些情形，要做的飲食習慣改變，原則上，是保持飲食平衡，不吃添加物，不吃腐敗食物，不吃肉類，多吃蔬菜、水果。

（五）五種癌一定要吃素，吃素身體愈來愈好

我自己的例子是做瑜伽做到第五年時，只要一有任何肉類進到嘴巴，就會不自覺的吐出來，由於並沒有任何宗教因素驅使我非吃素不可，因此，我知道，面對這種情形，是腸胃要求我不要再吃這類食物了。一直到今天，吃素十多年，看著自己的身體因為飲食習慣的改變而愈來愈好後，每當遇到胃癌、大腸癌、子宮頸癌、乳癌及前列腺癌的患者時，我

一定會力勸這些病友要改吃素食，至於其他癌症患者則可依照「四條腿的先不要吃，兩條腿的慢慢戒，最後再從沒有腿的著手」的原則，逐步改掉吃肉的習慣。至於為什麼這五種癌友一定要吃素？因為子宮頸癌、乳癌及前列腺癌與荷爾蒙息息相關，而肉類不但含荷爾蒙多，而且也易轉變為荷爾蒙，增加致癌因子。其實腸胃原本只需要穀物、蔬果，就足夠達到新陳代謝的目的。一味的吃肉，只會增加腸胃的負荷，累積有害身體的不潔物罷了。

飲食如藥，須先了解病況體質，妥善配合，全然生食，並非人人都適合，有人問說是不是每個人都適合吃生機飲食？吃素食可以吃蔥蒜嗎？

我的經驗認為不是每個人都適合完全用生食，而且，嚴格說來，東方人的體質大部分都不適合全然生食（須配合熟食天然穀類等），如果一定要吃生食的話，最好先找對生機飲食也有體驗的中醫師把把脈，作整體評估，看看體質是否適合吃。至於蔥蒜的問題，以蒜來說，一個人如果身體狀況良好的話，絕對不需要靠蒜來殺菌，而蔥則會影響身體荷爾蒙的分泌及情緒變化，對健康不見得有正面幫助。

吃素不要奶蛋，一樣健康。又有人問說吃素食時，需不需要喝牛奶、吃雞蛋？我認為牛奶是養小牛的，不是養人的：至於雞蛋原本是孵小雞的，其實，一粒糙米就像雞蛋一樣是完整營養，多吃糙米，與吃雞蛋沒有兩樣。

或許有些人認為，不喝牛奶、不吃蛋，無法攝取足夠的鈣質，事實上，鈣質並不一定要從蛋類和牛奶中攝取，一切有根的蔬菜基本上都含有鈣質。另一方面，有些人可能擔心鈣質攝取量不夠的話，容易罹患骨質疏鬆症，其實，骨質疏鬆的問題並不像大家所想的那麼嚴重，根據調查顯示，全球骨質疏鬆症罹患率最高的地區是阿拉斯加，其次是美國和歐洲，中國大陸則很少，原因為何，因為阿拉斯加人常年吃魚，美國和歐洲人民又經常吃肉所致，換句話說，沒吃肉、牛奶和蛋類，像中國大陸人民並不會因而罹患骨質疏鬆症。只要多運動、多吃糙米和全麥麵包，自然就可避免骨質疏鬆症。

（六）運動是改變體質的根本辦法

運動是改變體質最根本的辦法。因為，每個人的身體，本來就具有抵禦外侵的毒物、或癌症的能力。只是，身體的內在環境和身體外的大環境，都有過多有害的因素，使身體的這種免疫能力發生障礙，疾病和癌症才不可避免的發生。而運動，則可使身體內在環境的細胞，藉促進血液循環，以帶動氧氣和營養，反過來，又使細胞增加活力。因此，人體的免疫力，便能增加。病後，我開始做的運動是爬山。我說的爬山，並不真是去做爬上高山的運動，只不過是在那些有產業道路的小山走走而已。別人是一爬就出汗，我卻要爬了半天，身體才會熱，如果有風，則會反而愈走愈冷，很受不了。儘管這樣，我的爬山時走時停，但時間累積下來，我還是嘗到了它給我的好處，我的健康竟然緩緩的在進步。現在，癢的問題，已經不知不覺的消失，風雨對我來說，也不是阻力。經過不斷磨練，而今，我的爬山和走路的本領，卻已愈來愈有進步。過去，走短短的路，便要流淚，甚至大病一場。現在，體力增加了，走二十公里路，已是家常便飯，甚至還有過一天走四十公里的紀錄。幾年前，還在經過兩年的準備之後，登上玉山，來作為對我的體能的考驗，結果，我很歡喜我的成績，我通過了。兩年前，我改變了工作環境，每天早上先去爬山，在山上吸它兩個鐘頭的芬多精，回家洗個澡才去上班，現在看到我的人，都說我比以前健康，我則會加上一句：「天天爬山，明年會更好。」你的細胞看起來很累，趕快去爬山補充氧氣，癌細胞會回歸正常。在實驗室養癌細胞，如果加氧，癌細胞就養不好，如果加二氧化碳，癌細胞就養得很好。這表示，我們自己把體內環境弄到缺氧，細胞才無可奈何變成癌細胞來適應環境，如果把環境裡的缺氧因素刪掉，補充氧分，其實癌細胞是會回歸正常的。三十年來，我看過無數病人，那些肯聽我話而去爬山，甚至天天爬山的人，身體的改善都很明顯。現在，每當我透過顯微鏡看到病人或友人的細胞顯出缺氧的狀況時，我都會提醒對方：「你的細胞缺氧，看起來很累，趕快去爬山。」幾乎每個人都知道運動對健康的重要性，但是，真正能夠身體力行的人卻不多。我自己自從開始做瑜伽、爬山、靜坐後，每天維持四小時的運動量。

四小時！對許多人來說，或許覺得不可思議，但是，如果每天運動四小時，可以使剩下的二十小時比較舒服：如果成天不運動，二十四小時都不舒服，你選擇那一邊？（註：李豐醫師每天只睡六個小時，清晨三、四點就起床，空腹練二個多小時的瑜伽，再打坐一個多小時。他常說，每天花四個小時做運動，可以換來其他廿小時的全身舒暢，這種投資太值得了：近幾年，他還自創一套禮佛瑜伽，在跪地膜拜時融入瑜伽之動作，既可修心又能健身。）

（七）笑、不生氣、正面看、放鬆四招 、多活四十五年

除了生理因素之外，要克服病魔，還必須從心理層面下手，像笑、不生氣及以正面態度看待一切事情，還有學習放鬆，即是我這麼多年來能夠降服疾病的一大原因。

學習笑是一項很特別的功課。因為我知道，笑的時候，尤其是大笑的時候，身體內的細胞是放鬆的。細胞只有在完全放鬆的時候，才能圓圓潤潤，充滿活力，足以應付外侮。剛開始學笑，其實不是真心想笑，而是勉強去把嘴巴拉成笑的樣子，可是久而久之，心裡

自然會加以配合，真的變得成天都開開心心的樣子。得到癌症以後，學笑便成為我的生活課題之一。有一次，一位病人眉頭深鎖的來找我，我看到他鬱鬱寡歡的樣子，便問陪同母親前來的小女孩，『你媽媽怕不怕癢？』小女孩說『怕癢。』於是，我悄悄的告訴女孩，『以後媽媽躺在床上的時候，你就搔他癢。』結果，這位母親在每天大笑一回的情形下，慢慢的紓解了深鎖的眉頭。

（八）生氣是別人做錯事，我懲罰自己

學習不生氣是一項比較困難的功課。因為我為人耿直、又愛打抱不平，一看到不合理或不公平的事，拔刀相助的精神便來了。自從我了解『生氣的定義是別人做錯事，我懲罰我自己。』以後，我便開始努力去實踐，不過，積習難改，我的這個過程還是經過了四、五年，才看到一點點成績。剛開始，別人挑釁我，我還是會馬上反應，接著便後悔；然後，我會看到別人在挑釁，我會看到自己快要動氣，於是，馬上逃到看不到挑釁的地方，再慢慢調整自己的情緒；然後，我漸漸無須逃離現場也能壓住脾氣，可是還須要在心裡說：『你好可憐。』來平衡自己的情緒；現在，我什麼都看到，卻可以一直保持笑容。

（九）恭喜病人得癌症

持正面的態度對疾病的療效有極大的影響。像我得癌前期，由於挫折連連，對人生、前途無信心，療效不彰。但得癌後期，由於對人生、前途恢復信心，雖然沒有治療，身體卻反而慢慢好起來。因此，自從我的健康進步了以後，除了我的專業，我最樂意做的一件事，便是為癌症病人打氣。每當一個垂頭喪氣，以為末日將至的癌症病人，被介紹來看我以後，往往經過一番疑問的解釋，尤其是當他看到我這個活生生的例子，朝氣蓬勃的站在他的面前，他的信心便很容易的能建立起來。於是，這個垂著頭，苦著臉進來的病人，結果，卻能昂起頭，臉上充滿笑意的踏出我的辦公室。我做的事，並不是顯露奇蹟。只是，我讓那些癌症病人看到『希望』，讓他們的情緒，能很快從消極變為積極。

甚至有癌症患者來找我時，我會說『恭喜你得癌症』，對方一聽，自然會覺得莫名其妙，我解釋，『假如你不得癌症，怎麼會改變飲食習慣？怎麼會開始運動？又怎麼會學笑呢？再說，從今天開始，你的生活會一天天的變好、一天天的有品質，這樣一來，怎麼會不值得恭喜？』於是，對方一聽，果然對自己罹病的情形釋懷了許多。待患者情緒比較平穩，要離開時，我又會說『再恭喜你一次。』對方一聽，又是一頭霧水，『既然之前已經恭喜了，有什麼事還值得再恭喜一次？』這時，我會不疾不徐的回答，『我把三十年來對抗癌症的養生經驗一下子交給你，這難道不是一件值得恭喜的事？』就這樣，對方帶著飽滿、知足的感覺離開。

（十）善用『多賺三十年的法寶』

如果凡事從正面思考，事事會變得非常美好；反之，凡事都從負面思考，事事都變得相當糟糕。就像我先生為了我好，毅然決然的把家裡的電話線拔掉，以免我下了班後，還要接聽一大堆電話，雖然這似乎對我有些不方便，但是，從另一個角度來看，能夠安安靜靜的利用下班時間做瑜伽、運動，對身體不是反而有很大的幫助嗎？再說，真有什麼重要的事，隔天打到辦公室就可以了，何須掛礙在心？放鬆看起來很容易，其實卻是最困難的，因為放鬆要從心做起。心真的放鬆，身體的細胞才能放鬆。而心要放鬆，必須放下很多現世間的價值觀，包括名、利、情等。我的方法是從清抽屜開始，久已不用的東西，馬上送走、放開，衣服物品也是，甚至延伸至人際關係，於是人變得活得很簡單、很樸素，人就輕鬆了。當年，醫生宣判我只有六個月的生命，如今，我認為自己『多賺了三十多年』。為何如此？笑、不生氣及正面看事情、學放鬆應該是重要的法寶！

（十一）改得愈多，好得愈快

這些年來，我不但看了不少癌症病人，更與其中一部分病人變成朋友，共同奮鬥，分享彼此的經驗，互相鼓勵，努力活下去。我們發覺，活得超長及活得愈有聲有色的人，往往都是勇於自省，及堅持修正自己的生活方式的人。『改得愈多，改得愈澈底，好得愈快。』已經成了我們的原則。營養是細胞藉以維生的資糧，如果天天吃下充滿抗生素及賀爾蒙的家畜肉類，細胞想不生病也不成。充滿農藥及加工化學物質的食物，也會使細胞中毒。只有回歸自然，才能使細胞恢復生機。運動的好處是使身體的循環順暢，把養分及氧氣帶到該去的地方，對生病的細胞，尤為重要。如果選擇一、兩種自己喜愛或適合的運動，持之以恆的做下去，總有一天，成績會自然顯露出來。心理的調適，極為重要。要知道，自己身體裡的細胞，到底是聽自己的還是聽別人的呢？當然是聽自己的。那麼，自己對細胞下達的命令，便不應下那些不利於細胞的命令，例如：生氣、煩惱、消極……，細胞無外顧之憂，才較容易應付內患，對癌的免疫能力，才容易增加，才是根本解決癌症的辦法。自我反省乃至身體力行，只要堅持，這些事並沒有想像的那麼困難，而且，如果繼續堅持下去，所有疾病，甚至癌症，都會自動讓步，讓健康的細胞抬頭。」

李豐醫師說：「三十多年來在顯微鏡下與細胞相處，我看盡細胞的生、老、病、死，漸漸能夠看透細胞的痛苦與無奈，也學會站在細胞的立場去體會當細胞世界發生災難時，細胞當時的感覺。如果大家都能像我一樣，認識細胞、瞭解細胞，並學會尊重細胞，那麼，不但能夠超越病痛，甚至能夠超越癌症。」曾經因為癌症人生變得宛如不見天日，情感、工作、生活都受到影響，疾病和治療也帶來副作用和後遺症，生理心理極度痛苦。然而，李豐醫師從「對抗」癌症走到與癌細胞「和平共處」，罹癌只成為他人生中的一個過程，更是開展新人生的轉折，我們可以琢磨其中的心念與態度轉變，當我們面對病苦時，會更能不隨境轉，一樣保有優質人生。

六、神醫耆婆的故事

《分別功德論》中提到一個故事：

有一次，阿難背上生了一個癰瘡，佛陀讓當時有名的神醫耆婆為他醫治。因須開刀治療，耆婆擔心阿難承受不了疼痛，遲遲不敢動手。佛陀知其心中憂慮，慈悲的說：「請儘管放心醫治吧！我將為阿難說法，使他轉念。」

阿難誠心正意、恭敬謹慎，凝視著佛陀的莊嚴相好，沒有一點倦意，耳朵諦聽著佛陀說法，毫無厭怠之心。阿難一心一意、念念專注，思惟著佛陀所說的真諦，舉止沒有散亂。在此同時，神醫耆婆也將阿難背上癰瘡中的毒膿清除，並為他敷上膏藥。佛陀問阿難：「剛才是否感覺到背上的疼痛？」阿難：「一點也不覺得疼痛。」阿難之所以未覺察到疼痛，皆因一心專注聞法、念佛的緣故。阿難也因為念念相繼於佛的莊嚴相好，並且達到一心不亂的定境，故而遠離了潰瘡敷膏之苦。

凡事皆有因緣，阿難生瘡之業報，乃源於前世曾於雞羅吒國為王，有一聖者至城中乞食，國王見乞者即心生瞋念，持彈丸擊乞者；由於聖者是辟支佛之身，以此觸佛生血之業，於五百世中常於背生惡瘡，承受椎心痛苦！

《大寶積經》卷第五十七：「假使經百劫，所作業不亡，因緣會遇時，果報還自受。」

由以上故事可知神醫耆婆醫治了阿難的身體，而佛陀卻拯救了阿難的心靈！

七、買阿彌陀佛的故事

網路上流傳一則「買阿彌陀佛」故事，與大家分享，一起來思考當我們面臨無常，感到壓力而沒有退路時，會選擇如何展現生命力？曾為人生定下目標嗎？或者如今走的道路不是當初設定的，能夠接受這就是現在最好的安排，然後精進往前嗎？又或者看到了無常在身邊和世間示現，會選擇成為什麼樣的人呢？

街道上的店家，在朝陽裡一一開門了，一位小男孩手裡緊緊握著十元，走向街上的每一家商店詢問：「請問，這裡有賣阿彌陀佛嗎？」

店家不是說沒有，就是以為小男孩故意搗蛋，更有人將小男孩趕出門。傍晚，小男孩終於被一間店接待，店老闆六十多歲，看來慈眉善目。

他笑著問男孩：「小朋友，可以告訴我你要買阿彌陀佛做什麼？」

男孩終於忍不住眼淚，告訴老闆：「我的父母早就去世，是叔叔撫養我。叔叔是一位建築工人，前不久，叔叔從鷹架摔下來，一直昏迷不醒。醫師說，現在只有阿彌陀佛能救叔叔。我不知道『阿彌陀佛』是什麼，但一定很神奇，所以想買阿彌陀佛讓叔叔吃，叔叔就一定會好起來！」

老闆聽了不禁眼眶泛紅，跟小男孩說：「我這裡有賣，你有多少錢？」

小男孩說：「十元。」

老闆回應得爽朗且大聲：「阿彌陀佛正好是十元呢！」

老闆從櫃架拿了瓶飲料，上頭的商標正好有彌陀像，對著小男孩說：「快去！你叔叔喝了這瓶阿彌陀佛，就會沒事了。」

小男孩開心極了，抱著飲料跑回醫院，他一進病房就叫著：「叔叔，我把阿彌陀佛買回來了，你會好起來的！」

幾天後，一個頂尖醫療小組來到醫院，對叔叔進行會診，然後運用最先進的醫療技術治療叔叔，終於叔叔甦醒過來也恢復健康。出院時，叔叔看到醫療費用，嚇得不知如何是好，但院方說有個老先生幫忙付清了。原來商店的老闆是一位跨國公司的董事長，退休後開了家小店打發時間，醫療小組是由商店老闆重金禮請。

小男孩的叔叔激動無比，他牽起小男孩的手就趕著要去跟商店老闆道謝，可是商店老闆已經把店轉讓，旅遊去了。後來，叔叔接到商店老闆的信：「年輕人，為您有這個姪兒感到高興，他為您帶來幸運。為了救您，他拿十元到處詢問如何買到阿彌陀佛。感謝阿彌陀佛，是他挽救了您的性命。但請您謹記，真正的阿彌陀佛是人們的愛心！」

八、與病為友：一個醫生眼中的星雲大師

長庚醫院名譽院長陳肇隆，和星雲大師及佛光山法師第一次結緣是在一九七一年，當時院長就讀高雄醫學院。大學二年級暑假，參加「佛光山大專佛學夏令營」，時值佛光山開山第四年，英俊挺拔的星雲大師四十五歲，是許多同學的偶像。

陳肇隆院長分享，在一次跟信眾的聚會，大師突然遞來麥克風要他講話，他提到四十年前的這個緣分，大師馬上糾正是四十二年前。他隨後細數，果然是四十二年前，心想大師可能記憶力超強，也可能是大師凡事用心，有特地查過，但都見得到大師不平凡處。

陳肇隆院長第一次和大師在醫療上結緣是在二〇〇六年九月，大師意外滑倒，斷了兩根肋骨，住進高雄長庚醫院。肋骨骨折相當疼痛，大師卻住不到兩天就要求出院，因為全球都有佛光山的道場、寺廟、大學、美術館、育幼院等等，是日不落的機構，隨時都有傳真、e-mail要請示大師。可是，創辦長庚醫院的王永慶董事長以照顧普羅大眾為目的，沒有特需病房提供傳真機、電腦設備、網路，院長於是見到一位為弘揚佛法忘身的大師在病痛中出院，回到佛光山繼續繁忙的公務。

這些年來，陳肇隆院長從大師身上看到跟工永慶董事長共同的特質，「他們每天都在跟時間賽跑，每天都在思考，還能為這個社會多做些什麼？」院長感性的說星雲大師不只是佛光山的，不只是臺灣的，而是全世界、全人類的瑰寶，他的健康是社會國家之福，擔任星雲大師的醫療團隊召集人，是他這輩子最大的榮幸。他最佩服大師「與病為友，置生死於度外」的豁達，大師說：「修道人要帶三分病痛，才知道發心，所以疾病也是我們修道的增上緣，不要排除它，要與病為友。」

二〇一一年佛陀紀念館即將開幕，日夜趕工的十月底，某個星期六清晨，陳肇隆院長突然接到電話說大師可能中風，他第一時間整合包括神經內外科、心臟內科、新陳代謝科、放射診斷科、復健科、營養師及護理部的醫療團隊。大家在醫學大樓地下室停車場等候大師，下車瞬間，大家看到大師穿著袖口磨破的老舊袍子，印象中總是凜然而立的一代宗師，現下就是一位簡樸慈祥的長者。大師的醫療團隊成員都是高雄長庚的菁英，五年來沒有改變。大師一向嚴以律己、寬以待人，更有博學多聞和勤奮樸實的風範，團隊成員因為得以和大師近距離接觸，更可以感受大師的為人處事，而有孺慕之情成為仰慕者，因此無不自發真誠的關心大師的健康，只要大師本應住院卻因弘法工作忙碌而不住院時，都會主動發心前往佛光山就近照顧，陳肇隆院長也因此訂定出儀器、設備、人員可以上佛光山支援的診療模式。

腦中風是重大傷病，大師卻非常淡定，像位導師，每次查房都向醫護人員講述人間的道理。跟一般病患不同，醫師的說明大師不怎麼關心，只一天到晚請假出院。直到佛館開幕，陳肇隆院長的醫療團隊才明白，大師將全部的心思放在佛館的工程與開幕典禮，當大家想著如何協助大師妥善照顧自己時，大師早已忙著弘法的志業。

院長表示，追隨大師海外弘法的腳步，行程總是非常緊湊忙碌，但大師從來不會在百忙中忽略醫療小組成員，總在各種場合一再介紹。佛館才開幕不久，二〇一二年春天，宜興大覺寺工程在追趕進度，大師身體已經明顯不適，卻堅持前往並親自監工，於是安排林祖功、李志雄、洪志凌三位主任每人一星期隨同照顧。大師在病痛中已要關心工程，卻還惦記著大家不習慣出家人的粗淡飲食，每到第五天就安排行程讓大家到杭州，讓大家品嘗江浙美食並欣賞美景。

儘管大師身體病痛，仍能不麻煩弟子與醫護人員就不麻煩，對醫師的禮遇和尊重，更是讓大家感到受之有愧。大師也知道醫療團隊承受不少壓力，反倒經常安慰，說自己年事已高，要寬心，並表達對醫療團隊的充分信任。參與的醫護人員，無不感到莫大的殊榮，能貼近大師身邊，更是滿心歡喜。

看著人我的病痛，病苦或不苦？看看星雲大師，值得好好省思。（取材自人間通訊社）

第六節　星雲大師語錄

星雲大師於《佛光教科書》提到對病的看法；《佛光祈願文》有〈探病祈願文〉，摘錄以下，供參考：

「人吃五穀雜糧，總會有生病的時候。要如何面對四大不調？

一、疾病的照顧

人吃五穀雜糧，總會有生病的時候。

1.生活、飲食儘量保持正常。

2.室內要安靜，空氣要清爽。

3.不可病急亂投醫，信任並配合合格醫生的診治，按時服藥。

4.依據病況做適當的復健運動。

5.依病況適時補充水分、休息及盥洗。

6.心中不亂起疑心、瞋心，不心慌、憂慮。

7.心常稱念佛號，遠離恐怖，令心安定，獲得佛力加持。

8.要有與病為友的心情，逐漸放下對身體的執著。

9.若為業障病，則思惟其為無始來無明惡作所致，心生懺悔、慚愧，增加內心淨化，減輕病情。

10.如果已經病危，當思有生必有死，發願隨佛往生極樂淨土，發菩提心，乘願再來。

除了身體的疾病以外，我們的心裡也有貪、瞋、痴、慢、疑、恐怖、憂愁等苦惱，佛陀也教我們以戒、定、慧的方法對治。」

二、〈探病祈願文〉

「慈悲偉大的佛陀！

救苦救難的觀世音菩薩！

在此向您們報告，

您的弟子〇〇現在生病了，他非常渴望您的加持庇佑。
我們知道：世間的得失皆有前因，人生的苦樂都有所緣。
我們今天來探望他，希望他能獲得祝福，
希望他能離苦得樂。雖然他躺臥在病床上，
我們願以一顆虔誠懇切的心，代他向佛陀您頂禮膜拜，
代他向佛陀您發露懺悔。
祈願您，偉大的佛陀！
大慈大悲觀世音菩薩！
願您以慈悲威力庇佑他，消除他無始以來的業障，
減輕他四大不調的痛苦，讓他的色身解脫病魔的桎梏，
讓他的心靈保持樂觀的態度。願以般若神勇加持他，
培養他面對未來的信心，增加他奮發向上的力量，
讓他知道法身沒有絲毫病惱，讓他懂得真心沒有片雲汙染。
慈悲偉大的佛陀！
弟子〇〇從佛陀您的教誨中，已經了知：

凡事皆有因緣，凡事皆有前定。
身體雖病，但是不怨天尤人，不懊惱自嘆；
心中雖苦，仍然心甘情願，與病為友。
這裏，我們再懇求您，
偉大的佛陀！願您慈悲加被，
保佑弟子〇〇四大調和；
願您慈悲庇佑，保佑弟子〇〇身心安泰。
讓弟子〇〇從今而後，能得到佛法的喜悅，
能得到親人的關懷，能得到朋友的祝福，能得到身體的輕安。
讓弟子〇〇居士，身體從此早日康復，
心境從此安詳自在，生活從此少煩少惱，家庭從此和諧順遂。
慈悲偉大的佛陀，
我們願以一炷清香向您祈求，我們願以一曲梵音向您讚美，
我們願以芬芳花果向您供養，我們願以至誠心意向您祝禱。
慈悲偉大的佛陀，

救苦救難的觀世音菩薩，
祈求您們慈悲接受我們的祈願！
祈求您們慈悲接受我們的祈願！
請您垂慈納受。」

病・的・省・覺

第四章

善終安然

第一節　生理

「哇——」嬰兒初生時的第一聲啼哭，是來到人間的第一次呼吸。這一口新鮮的空氣，表示人生的開始；隨著年紀慢慢成長，會了解到要為自己的人生爭氣，其中也會吞吐著各種氣，和氣、怒氣、喜氣、悶氣……，到了生命的盡頭，會嚥下最後一口氣。最後的這一口氣，怎麼安然放下呢？

一、何謂死苦

死亡的方式可以分成三種：自然死亡、意外死亡、未生即死亡（墮胎、死產、藥傷害、母橫死）。

人在臨終的時候，臨終之苦無法形容。佛經上有「生龜脫殼」的比喻，活的烏龜把牠的殼拔下來，是多麼痛苦的一件事！

死苦，《瑜伽師地論》有言「命終時備受種種極重憂苦故。」四大此時分散，神識已然分離，業境現前。

呼吸之間，生命可以是開展；呼吸之間，可以倏忽已成隔世。生死之間，我們如何不茫然若失？

二、緣起無常——人生才有希望

佛教的根本思想——緣起。在時間和空間上，顯示了萬法的實存狀況。在原始經典中，曾提到：「云何緣起？謂緣生即有老死。若如來出世，此法常住、法住、法界，此為緣起法。彼如來自所覺知，成等正覺；見緣起即見法，見法即見緣起；見法即見佛，見佛即見法。」從上述的經文中，我們更可以了解緣起的意義。

人活在世上，有兩道關口很難通過，又不得不通過。一是我們存在的形軀，二是我們生活的人間世。人的真實生命，總是落在我們存在的形軀去展開人生的行程，然而我們存在的形軀卻是有限的，這是人生的開始，來自形軀的限定；一是會病痛會老死，不管人生多美好，總有一天我們會割捨一切而去；二是會疲累會傷感，不論是誰面對人生，總有承擔不了的時候；三是性向才情天生各異，各顯精采，也各有局限。所以人的情意和理想，失意和挫折幾乎不可免的環繞在我們生命的周遭。

但就因為緣起即無常，緣起即無我，就由於宇宙間的森羅萬象是無常，有生滅變化，所以星雲大師言：「由於諸法無常，人生才有希望。」人生的圓滿與否，端看我們如何去面對承擔，如何去處理化解。只要正確的認識因緣，和他人建立融洽的關係和良好的溝通，廣結善緣，體證般若定慧；不拘泥於世相，不執滯於人我，才能和諸佛一鼻孔出氣，心遊法界，逍遙自在！

世事無常，當「老」「死」像一座大山向我們逼近時，我們是否會心心念念還有一筆生意沒談成、還有一個計畫沒進行？當親情、感情擋不住無常到來，在此緊急時刻，還藉口忙碌放不下，無法淨心修持。往往忽略了身邊真正最重要的事情。在生命無常到來之前，若能洞燭先機，多行善事，積聚功德，就能預約未來的人間淨土。

星雲大師曾解釋生死為何殊勝：「一切眾生，有生必定有死。生死，在佛教裡可說是非常殊勝，而佛陀證悟的就是——因緣、緣起法則。生命隨著因緣而有所變化，隨我們的業力而相續不斷。」人隨業力流轉，人死好比搬家，生命不會真的死亡，換軀殼而已，認清這點，才能在生生世世中看清生命的苦空，積極的為生命累積足夠的因緣，跳脫無常的輪迴之苦。

第二節 心理

一、第八識——根本識、窮生死蘊

阿賴耶識，依心理學說，是一種潛藏意識，或曰無意識。前者說明其功能作用潛伏而不顯現，後者是說無第六意識之活動作用。雖如此，但此識在唯識學上名為「不可知」，說明其作用微細而不可知，但是它亦有它的功能，含藏善、惡、無記種子，執持色身（由於有第八識的存在，我們才得以保持色身不壞、會思考活動）；去緣宇宙界的一切現象。

此第八識是我們的生命根源，這生命體從無以來乃至成佛皆不壞，只是轉變性質而已。如《解深密經》卷一云：「於六趣生死，彼彼有情，墮彼彼有情眾生，或在卵生，或在胎生，或在溼生，或在化生，身分生起，於中最初一切種子心識成熟，展轉和合，增長廣大……。」

《成唯識論》云：「或名異熟識，能引生死善不善業異熟果故。此名唯在異生、二乘、諸菩薩位，非如來地猶有異熟無記故。」異熟，梵文為vipāka，原意為「與前因異時的結果已經成熟了」。「以前的因」指的是過去的業（行為），而「已經成熟的果」就是阿賴耶識。所以眾生在生死輪轉中所感受到的苦樂果報，就是由識去感受。如作善業，就感受快樂果報，如作惡業，就感受痛苦的果報。

雖因中所造的或善或惡有所不同，但到受果報時是「無覆無記」，所謂「因是善惡，果唯無記」。換句話說，現在的自我生命其存在主體的本質如同一張白紙沒有善惡，所以任何東西才能攝入其中。

二、異熟識——不因身體的死亡而間斷

異熟識是阿賴耶識的果相，因為異熟是從果上立名的，要具備三個條件才能叫異熟果識。

（一）業果義：其自身一定是善惡所感召的果報。

（二）不間斷義：謂一期果報不斷，就是一個生命，從生至死，雖是有期限的，但從入母胎起至死亡為止，名曰一期果報。雖可明見，但這只是這個身體的生與滅，其實，生

命體是無限的，不間斷的，不因身體的死亡而間斷。

（三）遍三界義：此異熟果必遍三界九地，如今生在欲界，來生或可到色界、無色界。前五識則不能遍三界，如鼻識與舌識色界就沒有了，無色界中五識皆無。故《成唯識論》云：「此是能引諸界趣生、善不善業，異熟果故。離此，命根眾同分等，恆時相續，勝異熟果不可得故……此識果相雖多位多種，異熟寬不共故偏說。」

此異熟識，不論是凡是聖，其所有果報，皆由善惡業所感，沒有哪個可超出此範圍。可是到了佛果，此識成純善無漏，不再成為有漏業所支配招感的無記異熟果。因此論云：「非如來地猶有異熟無記法故。」

《成唯識論》云：「或名無垢識，最極清淨諸無漏法所依止故，此名唯在如來地有；菩薩，二乘及異生位，持有漏種可受熏習，未得善淨第八識故。」

無垢識，或稱為阿摩羅識或菴摩羅識，是無漏淨分的第八識，真諦三藏另立第九識為無垢識。此識與大圓鏡智相應，由於是最清淨的，所以是諸無漏法之所依止。

經文中的「一切種子」即是阿賴耶識的因相，由於此義，阿賴耶即是人的生命本源，經論上言，「根本識」、「窮生死蘊」、「有分心」、「愛阿賴耶」等都是就生命體上說的，是屬精神方面。

三、輪迴受生

《八識規矩頌》：「浩浩三藏不可窮，淵深七浪境為風。受薰持種根身器，去後來先作主公。」這是在說明輪迴受生的經過。

人死了，最後離去的是第八阿賴耶識。人臨終時，感覺會漸次失去，五根（眼、耳、鼻、舌、身）首先沒了作用，五識（眼識、耳識、鼻識、舌識、身識）也亡失，接著第六識（意識）起不了作用，無法分別五塵（色、聲、香、味、觸）境。跟著的，是第七識（末那識）妄執攝藏一切萬法種子的第八識（阿賴耶識），所現的一切前世今生幻化之象。第七意識的執取分別，慢慢的會起不到作用，最後第八識真正離去，但所造的業，聚藏在第八識內，準備往生下一世。此時，身體逐漸失去溫度。

投胎時，第八識先入胎，精子、卵子結合成受精卵，胚胎發育時識神入主，則此胚胎將可存活；然有受精而無注入識神就沒有機會活存。「去後來先作主公」的主公，就是指精神主宰，有了精神主宰，才有第六識、第七識、前五識。

第三節　調理

一、臨終者的需求

臨終者的需求，非常需要被重視。以下依據網路上的《臨終關懷手冊》（註：請上網搜尋「臨終關懷手冊」：www.ylfba.org.tw/webadmin/upload/臨終關懷手冊.rtf。手冊資料來源為臺灣殯葬資訊網、華都文化二〇一四出版郭慧娟著《生死學概論》）整理，希望讀者稍有所得，進一步閱讀更多相關資訊。

當被告知病情，到接受事實，再真正意識到即將死亡，還有必須面對死亡，任何人都會要有一段時間來經歷認知、接受、思考和調適的過程。心理會變化轉折，每個人因著年紀、家庭關係、生活經驗、成長經歷、事業成就、生命意義感、靈性經驗等等，會有相當大的差異性。家屬、醫護人員還有照護者，此時要更有愛心、耐心和同理心，陪伴照護的方式從當事人角度的情緒和感受出發，配合各階段的心理轉折和情緒需求，盡最大的照護和陪伴。

病況進入末期，心理反應模式一般分為三階段：

（一）起始期——面對威脅：病人獲知病情時，會因人而異出現各種情緒反應，比如恐懼、焦慮、震驚、不相信、憤怒、否認、罪惡感、幽默、希望、絕望、討價還價等等。

（二）慢性期——生病：當病情逐漸惡化，可化解的起始期反應出的情緒，病人已能自己面對並處理妥善。但雖然許多情緒的強度減小，反應不再激烈，但沮喪感卻變成這時期最常見的表現。

（三）終末期——接受：歷經前二階段，已逐漸接受罹患重病和即將死亡，並且在調適心態，以接受死亡的到來。有些病人不一定能真正接受來到終末期，但這並不會造成困擾，同樣能正常溝通、正常下決定。

照顧與陪伴末期病人，應多留心以下幾種情緒反應：

1.恐懼死亡且拒絕接受死亡。

2.感到無比的孤寂。

3.對一切感到絕望並抱怨。

4.顯得焦躁不安且易怒。

5.對一切感到不捨和放不下。
6.心中尚有遺憾或悔恨。
7.害怕死亡前的過程。
8.害怕成為家人的負擔。
9.害怕失去自主能力任人擺布。
10.不確定生命的意義。

二、靈性陪伴

賴明亮教授〈佛教之生死觀〉提到，對病人進行靈性照顧上，須謹記保持自主、行善、不傷害、保密及隱私、善盡職責、正義、誠實幾個原則。

自主的原則，尤其是指尊重臨終病人原來的信仰，以佛教來說，就是指病人一貫的修行法門。

實際運作時，以下幾項目標可以作為參考（信仰部分依臨終病人的意願討論分享）：

1.幫忙臨終病人圓滿心願。

2.協助臨終病人保有並感受生存的意義。

3.透過對佛法的闡述及討論，砥礪臨終病人提起超越此生之信念。

4.經由對佛法真理的了解，陪伴臨終病人坦然面對死亡，減低對死亡的恐懼感。

5.透過宗教儀式如懺悔或生前皈依，讓臨終病人釋怨解冤報恩，安心而了無牽掛。

6.依照病人身體狀況和平素修行方式，鼓勵禪坐或介紹念佛法門。

我曾應一位醫師的要求，為其父親主持一場生前結緣皈依。當時醫師的父親在我們念佛的時候，非常大聲的跟著我們念「南無阿彌陀佛」，我也在病榻前為其說明皈依的種種益處。這位父親非常仔細、虔誠的合掌聽我說明。一星期後，醫師的父親往生。醫師跟我分享照顧他父親的師姐說，他父親有一天一直說看到一朵好大好大的蓮花，阿彌陀佛來接他了，而且是滿臉笑容很開心的說著。這一位醫生的父親因為平時就廣結善緣，所以臨終時才能夠蒙佛接引。「一念善心，即成正覺。」

三、安寧照護

當疾病進入末期，臨終前，可以選擇安寧緩和醫療，作為終期醫療照護。

安寧照護，是在使得此生生命已進入終點的老人、病人，舒緩身心靈的痛苦，平和的迎接臨終。

住院期間，醫師宣布接近臨終期，就會面臨選擇繼續住院在醫院往生，或是出院回家在家中照護。不管何者，都是要與主治醫師充分商討，事前確認當事人的意願，跟親人做好溝通，知道可能會發生什麼狀況，周詳考慮在家中可以做到什麼，在醫院可以做到什麼，就能夠清楚判斷。

有人認為應當回到熟悉的住家，在家人的陪伴下往生；有人認為應當住院，可以延長一些時日；有的人認為醫院有著較多較好的資源，往生時，當事人和家屬都能較安心。但也有原本想順其自然在家中照護到往生的老人、病人，由於狀況的發展讓家屬無法處理或面對，又將老人送回醫院的也有。

所以，有所選擇有所期望很好，但保有彈性可因為突發狀況調整也很好，能夠讓臨終者身心安寧的往生，家屬也能夠安心，這是最重要的。

四、臨終關懷

臨終者的神識需要被引導，讓其能安心的往生善處。摘錄賴明亮教授〈佛教之生死觀〉裡的內容，可以作為參考：

「你將清清楚楚的走向另一世界，從現在起不要去注意身體的感受，雖然會感受到痛、不舒服，但是不要覺得那是你的身體；面對親人時，清楚知道你的親人在，但是不要想到他們是你的親人，否則會使你牽掛難捨。

你的身體會愈來愈不能動，不要覺得有恐怖的事要發生了，把它當成是自然的現象，好像電影的淡入一樣，你將漸漸的淡入另一個世界。

阿彌陀佛很慈悲的發大願，只要臨終的人很虔誠念十聲佛號，他便會來接引你去西方極樂淨土，那個地方，黃金為地，七寶池八功德水，非常殊勝，諸上善人陪我們一起修行，永遠不退轉，所以你一定要至心歡喜相信，一意念佛。

這個時候，你最好念阿彌陀佛，如果無法口念，就用默念阿彌陀佛，把全心全意放在阿彌陀佛這件事上。你將發覺自己慢慢淡入，即將進入一個光明的境界。

這個時候，如果有光明的境界出現，不用害怕，這是好現象，不用退縮，就進入那個光明世界。不管有沒有光明的境界，你的心都要跟光明在一起，不管聽不聽得到佛號，你的心都要跟佛號在一起。

人的身體是無常的，人生聚散也都是因緣幻化而成，所以不用執著自己的身體，當親人和你的緣分盡了，自然就會分離，你也不用難過，你不在後，家裡的事親人會幫你料理打點，你不用擔心。當光明世界出現，阿彌陀佛來接引你時，就放心的跟他去吧！」

二〇一七年五月，家母彌留的時候，我不斷的以臺語誦念《阿彌陀經》的經文，一字一句非常緩慢清楚的在母親的耳邊誦念。而且，不斷的在母親耳邊告訴他：「請放心，佛事我會辦得很莊嚴，其他的事情也請不要掛礙，一切都會處理得很圓滿，阿彌陀佛來接你的時候，不要猶豫，一定要很歡喜的跟阿彌陀佛到極樂世界繼續修行。」

即將死亡但還沒有正式死亡，稱做臨命終。《瑜伽師地論》提到臨命終時心有三種狀態：

（一）明利心：最先出現的狀態，叫明利心。人臨命終時，可能已經昏昏迷迷睡上好幾天或者一兩個禮拜了，突然間卻清醒，也就是迴光返照，此時一顆心的狀態分外分明，知道自己即將離開人世，對一切事情也特別容易明了。有人可能會見到自己過去所造的業，如同快速播放的影片，善業與罪業，了然於心。要往生淨土，臨終前的善巧引導是關鍵，甚至可以補救前愆。此時完全清楚一生的善業、罪業，利用「明利心」現前的這段時間，引導臨終者至誠懺悔罪業和皈依阿彌陀佛，最重要！

（二）昏昧心：第二階段，心開始進入昏昧的狀態，生命的能量慢慢的熄滅，對心及外境的明了性也慢慢的淡薄。通常人都執愛色身，幾十年的果報身當中，我們已經習慣這一軀殼，我們不想離開色身，但是業力會不斷的推著神識離開。所以，此時會感覺痛苦，如前所說的「生龜脫殼」。

（三）悶絕：第三個階段人是整個昏過去的，第六識完全沒有活動，無法跟外界接觸，再也聽不到，只有第八識微細的存在。悶絕的時間通常很短，或有人稍長些，剎那間就進入死亡，神識跳脫出來。但神識離體的時間每個人不相同，冰冷的身軀，表示著已然死亡。

印光大師說，在一期生命當中，臨終這一關的處理非常重要，因為這一期的生命即將結束，後一期的生命還沒有出現，這個時候我們若能做適當的努力，還有扭轉的作用。

如同《阿彌陀佛經》所云：「若有善男子、善女人，聞說阿彌陀佛，執持名號，若一日、若二日、若三日、若四日、若五日、若六日、若七日，一心不亂。其人臨命終時，阿彌陀佛與諸聖眾，現在其前。是人終時，心不顛倒，即得往生阿彌陀佛極樂國土。」星雲大師也叮嚀：「念佛沒有念成習慣，一旦災難降臨，一慌就『救命喔！救命喔！』『來人啊！來人啊！』喊了半天才想到念『阿彌陀佛』，心念紊亂，先機已失，就來不及念了。所以臨終的時刻，意念很要緊，要堅定不驚怖，要持續不中斷，在最後的一剎那，成就法身慧命。」

五、預立遺囑

臨終前預立遺囑，清楚交代後事，最好能訴諸文字，才能如願走得有尊嚴，不造成家屬的困擾。一個人往生後，除了留下典範讓親人追思外，其生前所有的動產、不動產和債權、債務由誰來繼承？要怎麼繼承？如何分配？被繼承人是否可以自行分配？有關繼承與遺囑等問題，都有法律條文規定，若能了解相關法令，及早做好身後準備，臨命終時也就沒有那麼多的牽掛。

我國民法規定年滿十六歲並且未被法院宣告禁治產的人，都可預立遺囑。而遺囑須出於本人之意願，從遺囑人死亡時始發生效力。

遺囑的種類包括：

1.自書遺囑。
2.公證遺囑。
3.密封遺囑。
4.代筆遺囑。
5.口授遺囑。

以下提供自書遺囑參考格式：

遺囑

立遺囑人○○○，中華民國○年○月○日生，身分證字號：○○○○○○○○○○。

本人依法定立本遺囑，各繼承人均應遵守，內容如下：

一、醫囑的預立

（一）要不要接受安寧療護
（二）要不要放棄急救
（三）要不要捐贈大體
（四）要不要捐贈器官

二、財產的分配

（一）不動產

（二）動產

（三）書籍

（四）珍藏物

（五）寵物

（六）其他

三、告別的做法

（一）我的遺容

（二）我的陪葬品

（三）宗教儀式

（四）喪禮希望交代〇〇（禮儀公司）辦理

（五）遺像：使用〇年〇月〇日所拍的相片

（六）訃聞

（七）參加喪禮的名單

（八）要不要收奠儀
（九）告別會場的布置
（十）要不要收受罐頭塔、輓額等交代
（十一）告別儀式的方式：
1.家奠
2.生平回憶錄播放
3.公奠
4.瞻仰儀容
（十二）告別儀式的音樂
（十三）埋葬的方式
（十四）後人紀念方式
四、內心的話
（一）再見：向家人道別
（二）謝謝：向至親好友、醫療團隊等道謝
（三）抱歉：向至親好友表達歉意的話

立遺囑人：○○○（親筆簽名）

中華民國○年○月○日

（四）道愛：向至親好友表達情感

自書遺囑必須由立遺囑人親筆書寫遺囑全文（不得以打字或影印取代），並載明年、月、日，且親自簽名。若有增減、塗改，應註明增減、塗改之處及字數，並另行簽名。

六、臨死覺知

當病情進入末期，有臨死覺知是自然的。臨終者若意識清楚，也有臨死覺知，這時會透過各種明示暗示的方式傳達想回家、後事怎麼安排等等，家屬態度應正面積極的理解清楚，協助完成臨終心願。

在瀕臨死亡以及宣告死亡之前的這段時間，是黃金「送行」期，非常的重要。臨終者和親友們，要珍惜把握這最後表達心聲與祝福的時刻。這段時間可能幾個小時很短，也可能一到二天，臨終者此時身體心理精神都會有所變化，醫護人員和家屬要盡可能提供協助與撫慰，讓臨終者感到舒適。臨終的環境要妥適安排，讓臨終者能在舒服安心的環境與氣氛下，感受跟親友的溫馨道別。臨終者和家屬，之間有著許多過往，此時互相「道歉、道愛、道謝、道別」，能夠釋放彼此的掛礙，讓彼此無牽無掛的放手，感受到彼此最真摯的祝福。

最近有一篇Bronnie War所寫的文章在網路頻繁被轉貼，Bronnie War是一名護士，專門照護臨終病人。因此，他聽到很多人臨終前說出的一生裡最後悔的事。從中，他歸納出絕大多數人最後悔的五件事。

摘錄以下，可以思考，我們這一生或長或短，要如何了無遺憾的走到生命的盡頭？

（一）我希望當初有勇氣過自己真正想要的生活，而不是過著別人期望我過的生活。這是最多人的遺憾。我們做過的事真的是自己所喜歡的嗎？沒做的事，是什麼原因沒做而留下遺憾呢？回頭看之前的人生，回看時，往往會發現有好多夢想應該實現，卻沒有實現。自我、家人、生活方式、工作、感情，在現實與夢想間有多少的差距呢？別等病苦纏身，現在就可以放下許多顧慮，追求想要的人生！

（二）我希望當初沒有在工作上花這麼多精力。工作在生活中比重的拿捏，是否有深思過呢？一回神，父母親已白髮蒼蒼，夫妻漸行漸遠，孩子已經長成陌生的樣子，自己也丟失了原有的面貌，生命只有工作再工作，然後孤寂與落寞。日子無虞外，生活可以過得簡單些，把時間留給自己和自己所關愛的人，會活得更開心，在生命盡頭，心裡也會帶著暖暖的愛和祝福。

（三）我希望當初能有勇氣表達我的感受。

「粉飾太平」或許當下好像解決了問題，但問題其實都存在，只是被藏在心裡。壓抑感受與想法，最終也會讓自己的模樣個性都被抹煞，無法成為自己、表達自己。中西醫學也證實，很多的疾病跟情緒其實相關。

直言不一定就會得罪人，也可能反而展現待人的誠心；中肯的勸告又不用壓抑感受，不管是何種關係，只要出於真誠就不會感到累。當然，說話的方式要學習，說話的對象要拿捏話語的輕重。

（四）我希望當初能和朋友保持聯繫。

知心老友的好，總是有事的時候才會生起深深的感觸。過度忙碌的生活和對於名利財富的追求，都會讓人忽略朋友，但臨終前，最放不下的，反而是各種情感。此時，有惦念的朋友，找個機會聯繫吧！

（五）我希望當初能活得開心點。

活得快樂，是一道選擇題？這或許讓我們感到意外，但也才知道，有那麼多人到了生命的最後，才發現自己不快樂，而這不快樂的人生，還是自己的選擇，不管是為了人我他的任何理由。但來到生命最後的這些人提醒我們，別人的眼光或不好的言行，並不會真正影響我們，忠於自己，真心為自己過日子，讓自己輕鬆開朗的笑著過每一天吧！

七、往生助念

「生老病死，是人生的必經過程，也是世間上最平等、最普遍的事。人人都歡喜「生」，卻少有人能坦然面對死亡。在佛教的觀念裡，臨終是決定「往生」的緊要關頭，當一個人病危時，如果能為他做臨終開示或引導念佛，幫助他求生淨土，就是往生助念的最大意義。

一些人年老了，走到人生的盡頭，就像是準備移民到另一個世界，要換一個身體，必須靠念佛來求生淨土；甚至平時就要把移民的資本、資糧都準備好。所以念佛必須靠信、願、行三資糧，才能往生極樂世界；資糧具足，就能成功移民到另一個世界。

過去很多出家人都是闡揚淨土法門，念佛往生。如《往生傳》裡記載，蓮宗初祖慧遠大師及劉遺民居士等僧俗一百二十餘人，在廬山結蓮社念佛，求生淨土。慧遠大師一生曾三次親見阿彌陀佛，後來他是預知時至往生的。

又如二祖善導大師，他每念一句「阿彌陀佛」，就是一道光明；念兩句「阿彌陀佛」，就兩道光明，不論他念多少佛號，空中就現出多少道光明，後來大家不稱他「善導大師」、「善導和尚」，而改稱「光明和尚」，這些都是持名念佛得到感應的實例。臺北有一所善導寺，就是為了紀念善導大師而建的。

《阿彌陀經》裡提到「一心不亂，即得往生彼國」，心是心王，心是主宰，一個人念佛求往生西方極樂淨土，要能誠心、一心不亂、一心清淨、一心稱念，就能往生。

一個念佛的人，對念佛求往生這件事，應該都要能「心誠意到，了然於心」。

有很多人平時也精進念佛，可是你問他「為什麼念佛？」他會告訴你「要往生淨土啊！」如果你再告訴他：「我就是阿彌陀佛，現在就要帶你去往生。」他必定會嚇一跳，跟你討價還價：「哎呀！不行呀，我的兒子還沒有結婚，我暫時還不能往生；我的女兒還沒有出嫁，我暫時還不能往生……。」可見得他說要往生，意願還不夠、意念還不到。所以一個人要想往生，必須懇切至誠，萬緣放下，才能即刻往生。」（以上摘錄自星雲大師《僧事百講4・集會共修》）

母親在加護病房臨終彌留時，我不間斷的用臺語誦《阿彌陀經》一遍又一遍；又因為母親喜歡聽臺語，所以專心一致的用臺語在母親的耳邊不斷的念阿彌陀佛，也輕聲的告訴母親：阿彌陀佛會來接引你，你要萬緣放下，安心的跟著阿彌陀佛到極樂世界繼續修行。不要掛礙、不要擔心，只要一心虔誠念佛，非常有信心的專心念阿彌陀佛。慈悲的阿彌陀佛就會滿你的願，沒有怖畏、憂慮；安詳、光明遍照，蓮花接引。一直在陪伴母親念佛，助他此生最後一念，眼見、耳聞、心想無不是阿彌陀佛！捨報後，有法師居士輪班念佛八至十二小時以上。母親身軀柔軟、面色紅潤，沉浸在莊嚴的佛號聲中，安靜祥和，感恩眾緣成就，往升佛國。

1.據《地藏菩薩本願經》，人命終後四十九日之內，家屬若能為往生者多做佛事、廣造功德，比如布施、供養三寶、印佛經、善行，家屬可得七分之六的功德，亡者可獲七分之一的功德，往生者且得以離開惡道（地獄、餓鬼、畜生）超生人天。

2.依《西藏度亡經》所言，一般人在死亡八至十二小時後，會進入昏睡狀態。三天半覺識始開始恢復（即清醒的識），進入中陰身。中陰身狀態約有四十九天（每人時間不一）。這時，往生者會看到因過去所造業力而生的種種驚恐景象，如愁苦來逼、無靠無依、冤魂追打、業風吹捲等，難以脫離。往生者此時唯一的祈求就是家屬能為他多做佛事、造功德，倚靠佛力加持拔苦。

3.往生四十九天之內，家屬當不斷的念佛，行住坐臥都可以誦念，「阿彌陀佛」佛號或者觀世音菩薩聖號「六字大明咒（唵嘛呢叭咪吽om mani beme hom）」，圓滿十萬遍，再將功德回向往生者往生極樂世界，往生者必蒙救度。

回向文範例：

願以今日念佛所有功德，回向〇〇〇（稱謂）〇〇〇（姓名）居士，業障消除，往生極樂世界。

4.即使不能以正信的佛法來幫助往生者，也應當儘量避免殺生，或以葷食祭拜往生者，若全家能茹素四十九天，則功德甚大，可以再將功德回向往生者。

5.喪儀上，不應做無謂的鋪張和排場，這對往生者毫無幫助，不如省下金錢，用往生者名義多行善濟世，如此往生者可以得功德力，易往生淨土或善道。

6.陀羅尼經被（又稱往生被），必須一直覆蓋在往生者身上，金剛明沙則灑於亡者額、喉、心三處，勿離其身，以消除業障。

八、遺體護理

《臺灣職業分類典》定義殯儀師：「是指規劃設計整個喪禮如何進行與負責完成的人

員」。所以，殯儀師是殯葬業務活動的策劃者及管理者，同時也是殯葬禮儀的指導者和執行者。

「生命禮儀儀師」，近幾年來有了更精確的定義：是專業的殯葬顧問，對整體殯葬流程非常了解，具有良好的人格素養與溝通能力，還可以是一位心理輔導師。合格的生命禮儀師須具備的專業有：殯葬的整體流程安排，熟悉各宗教的殯葬習俗，設計與安排追悼會，情緒控制的專業訓練等。除了這些之外，一個優秀的殯葬禮儀師還必須具備良好的人格素養以及溝通能力。

在喪葬活動中，禮儀師的角色如此重要，隨著時代演變，現代人對身後事也多以正面的態度看待，近幾年殯葬業也不斷改革創新，打造出目前莊嚴尊重的儀式流程，如禮如儀，對提升殯葬業以及殯葬從業者的社會形象有相當正面的效果。

誠如「南華大學生命禮儀研究中心」的成立宗旨：為突破現代人面對生死之困境，研究生命禮儀意涵，掌握現代儀式與發展趨勢，研發足以提升全民生死尊嚴的新時代禮儀，並促進生命禮儀產業發展。

生死學系學士班殯葬服務組，更是開宗明義：係以生命禮儀及殯葬服務為主軸，培養專業的禮儀師人才。

南華大學是國內最早設立生死學系及生死學研究所的大學，多年來培育許多優秀殯葬專業人才。該校生死學系並設有殯葬實作教室、生命禮儀研究中心、喪禮服務技術士乙丙級術科檢定考場，學生在殯葬專業與實務方面都相當深入。

雖然生命禮儀殯葬業市場大，但臺灣殯葬專業人才難求，殯葬業務量每年持續成長，業者需求人才孔急。生命禮儀殯葬業者看準南華大學生死學系的殯葬專業人才，紛紛到就業博覽會搶人。全臺唯一設有生死學系的南華大學，二〇一八年四月二十四日舉行校園徵才就業博覽會，同時吸引許多生命禮儀殯葬業者到校徵才。

人生謝幕的導演——殯葬禮儀師在整場治喪活動所展現的專業素質、優秀能力、人文涵養等，對於往生者、喪家，還有提升殯葬行業以及殯葬從業者形象，絕對有意義。

日本電影《送行者》二〇〇九年在臺灣上映，主角為往生者整理化妝的那一幕，相信深深感動你我。

片中提到的日本「納棺」儀式，就是指臺灣的入殮。日本的分工較細，主要分為禮體師與禮儀師。禮體師就像電影裡的入殮師，負責大體處理，包含洗、穿、化、殮等程序。禮儀師則負責喪禮的統籌運作、相關程序、手續申請等等。目前臺灣的情況是，身為禮儀師什麼都要能處理。站在殯葬業改善工作條件並提供更優質服務的觀點來看，朝向專業分工發展，是可以期待和努力的。

日本的納棺儀式如同臺灣殯葬禮俗中的沐浴、更衣、化妝與入殮。日本人比較注重前段的沐浴、更衣、化妝階段，會在家屬面前恭謹的完成遺體的洗淨、穿衣和化妝。臺灣人則比較重視入殮儀式，所以會有殯殮師帶領家屬一起進行辭生的儀式。

整個過程，禮儀師必須保有一顆嚴謹、恭敬、真誠的心，視逝者如親，全力以赴圓滿告別儀式，這是一位優秀禮儀師的責任，也因為用心，才會感受到這項工作的真正意義。

九、生前告別式

死亡議題在現代社會不再是禁忌，舉辦生前告別式近幾年也滿有話題性，所以生前告別式是目前在推動關懷往生的儀式，如已逝作家曹又方，在生前辦了一場「快樂生前告別式」，在當時臺灣社會是創舉，直接把死亡公開搬上檯面，扭轉一般人對死亡的印象，也讓每個人豁然明白——任何時候都可以談論死亡，當事者和親友因此可以直接表達情感和彼此告別、祝福；而生前告別式，也可以辦得隨順心意。當然，有足夠的時間面對處理死亡，會讓後事安排得更為圓滿。把握生前時光，把想做的都圓滿完成，了無遺憾！但也不能否認，有些長輩還是較避諱談論死亡，隨順因緣，依長輩意願即可。

（一）舉行生前告別式注意事項

1.決定舉行生前告別式後，當事人及家屬先與主治醫師討論適宜的時機，和必須準備及留意的事項。

2.舉行生前告別，要與重要親友商量相關事宜，許多觀念或許會要溝通，以免造成誤會而不悅，除了困擾也傷了彼此關係。

3.生前告別式是相當個人化的，為當事人專屬，人事時地物沒有任何的規範，只要符合當事人的心願，圓滿其生前告別的目的，這就是意義所在。

4.舉行生前告別式之後，當事人往生了，有沒有要再舉辦告別式，以往生者生前意向與安排為主。若沒有告別式了，可以設置簡單的靈堂，讓之前未參與生前告別的親友，於出殯前祭拜。

5.可參考去世的禮儀，在某種程度的認知之後，再處理生前告別式的各項相關事宜，但因為是生前辦理，當事人想要的儀式就是最適宜的。

（二）辦理生前告別式的意義

1.去世前可以從容的安排各項事情，比如：完成尚未完成的心願、和家人親友一一道別、規劃人生最後階段、安排身後事宜。

2.由於坦然迎接死亡的來臨，以及用心安排了告別、祝福、喪葬、遺囑等等，家人會更平和的面對自己的離去，也避免之後對於喪葬及財產等有所紛爭。

3.安排生前告別式，等於整理、回憶了一生，剛好重新體味生命中的感動，也看到自己人生的價值所在。

4.透過這個機會，可以與想見面的親友有了再一次深刻的聯繫，時間上不方便參加的親友，透過電話、網路聯繫，也是方法，同樣能彼此交流祝福和告別。

5.因為生前告別式的主導人是當事者本人，氣氛、會場安排、出席條件、場地、費用等等，完全可以遵照個人的想法，前提是不能違背善良風俗與法律規範。

十、生前契約

生前契約就是生前殯葬服務契約。依照「殯葬管理條例」，定義為「指當事人約定於一方或其約定之人死亡後，由他方提供殯葬服務之契約」。

換言之，即消費者與生前契約業者訂立契約，雙方約定消費者或他所指定的人去世之後，喪葬事宜由生前契約業者提供服務。

消費者與生前契約業者簽訂生前契約，雙方會訂定服務的內容與服務的金額。除非雙方同意，否則服務內容與服務金額是無法更改的。

若消費者違約，生前契約業者最多得求償生前契約總金額百分之二十的違約金。若生前契約業者違約（經通知逾四小時未到場執行服務），除了應退還消費者所繳納的之全部費用，消費者或消費者方可以求償生前契約總金額至少二倍的懲罰性賠償。

簽立生前契約的同時，大多的生前契約業者，都會要求消費者一次或分次繳納全部或部分的服務金額。然而，依據「殯葬管理條例」的規定，無論生前契約業者用何種名義收取費用，消費者所給付任何費用的百分之七十五，生前契約業者都須交付銀行信託，直到契約終止，或者服務完成。

若有意購買生前契約，可以先向生前契約業者詢問相關服務內容及費用，並確認有無信託，要求業者提出有信託的證明，以保障權益。

購買簽立生前契約，一定要得作足功課，切莫衝動，避免事後懊悔，給家屬帶來更多困擾！

以下案例可為參考：

王先生幫父親購買了一份生前契約，業務人員告知，其父親往生以後的喪葬事宜保證全都包，品質好，無須再花一毛錢。

幾年後，王先生的父親去世，王先生與禮儀公司雙方先進行履約前的協商。禮儀公司逐項核對契約內容，王先生與家人覺得契約內容雖然什麼都有，但跟他們想像或想要的有極大的落差。

比如：契約內容的告別式是屬於簡約式的，他們喜歡莊嚴隆重的；兩位誦經人員對他們而言也太少；棺木和骨灰罈的樣式也是中下價位；提供的禮車更不符合需求，甚至還有一些其他費用也不包括在契約裡頭，若要依想法和需求調整契約內容，王先生與家人得再多支出一筆為數不小的費用。

遇到這種情況，喪家因為有喪親之痛，要跟業者周旋必定無心無力，加上後事都希望要圓圓滿滿，這還得要靠禮儀公司處理，因此，一般人即便對契約內容有想調整，最後也幾乎都是依照業者的要求，或是再多花一筆錢以期圓滿後事最重要，而業者當然是明白這種情況的。所以，生前契約是否要購買，購買時要怎麼多方面了解和確認細則，真的要斟酌再斟酌，慎思而為！

十一、末期病患和植物人的善終可以選擇嗎？

作家瓊瑤在出版人丈夫平鑫濤住院四百二十五天時於臉書寫下：「我知道他不要這樣活著……，我知道我背叛了他！可是我無可奈何啊！」

平鑫濤罹患失智症多年，後因跌倒、中風緊急住院；但後續的處理抉擇，在瓊瑤和繼子女間，有著不同看法，也起了爭執。

二〇一〇年，王曉民逝世。近半世紀前，一場車禍讓這位十七歲的中山女高管樂隊指揮頭部重創，成了必須臥床的植物人。

任誰都想等待稀罕的生命奇蹟，但現實裡通常是無止境的拉鋸與折磨。王曉民老邁的母親擔憂女兒在他之後才往生會無人照顧，想要撤除維生的醫療設備又違反法律，母親因此多次以書信向總統府陳情，希望可以施行安樂死，但於法無據，遭駁回。

年邁的母親、父親，終究比王曉民先離開人世；王曉民被送進安養院，直至六十四歲離開世間。

病榻上的折磨，是相關當事人和照護者的，裡頭會是很多的無奈、掙扎、衝突，長期的照護責任背負，以及照護者的身心與經濟狀況，都值得人們深思善終的涵義。

（一）亞洲第一部善終法案二〇一九年臺灣上路

臺灣近幾年老的速度更快，已邁入高齡社會，六十五歲以上的高齡者占百分之十四；這也可以說目前的死亡人數已首度超過出生人數。

死亡議題，因此被更加重視。當面臨無可挽回的創傷或病況進入末期，還要積極的施行各項侵入性治療嗎？善終是可以被普遍期待、自然發生和推動的嗎？

「善終權由自己決定」。二〇一九年一月六日亞洲第一部善終法案——「病人自主權利法」在臺灣正式上路了。這個法案讓病人有拒絕醫療的權利，不僅是安寧緩和醫療條例的進階版，更是善終的最重要歷程。

臺北市立聯合醫院黃勝堅總院長提到：「當生命走向終點其實就像是電腦關機的過程，一個一個系統逐漸關閉。最先停止的是腸道蠕動和消化，身體不會感覺飢餓，由於減少營養及身體開始出現脫水現象會使血液類的酮體積聚，有止痛效果並產生愉悅感。在自然狀態下臨終，並非一般人想像中的可怕，恐懼。反之，當身上插滿各種維生管線，擾亂身體系統的自然關閉程序，就好像他要關燈，卻一直被強迫開燈。對臨終者是很殘忍的事。」國外許多醫學研究也證實臨終病人必須臨終脫水，才會舒適。此外因為心、肺、肝的器官衰竭，容易讓臨終者進入昏迷狀態反而可以比較舒適的離開世間，這可以說是老天爺賜給人類最好的退場機制。

「病人自主權利法」在二〇一五年通過，今年（二〇一九）上路，是亞洲的第一部善終法案。但二〇〇〇年，臺灣就有「安寧緩和醫療條例」，末期病人可以選擇簽署而不再受苦；這些年，安寧緩和醫療的種子，也因此發芽茁壯了。像是「預立安寧緩和醫療暨維生醫療抉擇意願書」的簽署人數已達五十三萬，表示生命僅剩六個月來到疾病末期，將同意不施行心肺復甦術（DNR）。善終，是愈來愈多人所希望的生命告別方式。

二〇一六年，在死亡前一年曾使用安寧療護的臺灣人口首破三萬，五年間成長了五成；尤以癌症末期病患，占百分之五十八點七為最多，選擇安寧畫下生命句點。

但臺灣善終拼圖還有缺口，「安寧緩和醫療條例」並不適用於植物人，據衛福部統計，二〇一七年，有三千六百八十四個家庭為照護植物人而受到影響。那麼更多陷入永久昏迷或極重度疾病，必須倚靠維生系統的病人，又為其家庭帶來什麼樣的影響呢？當事人的意願呢？家屬的選擇又如何呢？

前立委楊玉欣罹患罕見疾病，曾親訪近二百個罕病家庭，看到有些家屬苦撐幾年到十幾二十年，面對的是失去意識須仰賴呼吸器維生的親人，他傷感又無奈的表示，「每個人都跟我講他們好想自殺」。

因此，楊玉欣在立委任內力推「病人自主權利法」。「他們受了夠多的苦，如果不能自主呼吸、不要加工延長生命，為何不能自然善終？」

誰都可能變成植物人或重度昏迷，也可能要面對長期照護植物人和永久昏迷的病患，生命從來是如此的無常。所以楊玉欣擴大爭取善終權，讓每個人有選擇可以為自己的善終做準備。在哪些情況，可以拒絕醫療，或者接受醫療，因為有時躺上病床已無法自主，留給家人的會是一連串的艱難。

德國、澳洲、美國的類似法案已行之有年；楊玉欣的任期最後，臺灣的相關法案也終於通過。

多麼的漫長和不易，經過近三年的醞釀、培訓了上百名的醫護人員、七家醫院試辦，有將近六百個家庭參與試辦，法案，終於上路！

（二）挑戰社會：開口談死

法案通過值得欣喜，但這只是起步，法案並不能讓選擇善終的觀念立馬進入每個人的心中，並順利完成整個過程。開始學習開口談「死」，這是每個人都應當要會的。

北市聯合醫院總院長黃勝堅說「人的善終，本來就不是理所當然，要規劃、要談過」。因為職務關係，他明瞭死亡通常來得突然，不要說談到善終，甚至連告別都沒辦法，徒留遺憾、傷心還可能衍生家庭爭端紛爭。黃勝堅多年前已簽署DNR，更與夫人溝通：六十五歲之後拒絕接受器官捐贈，應留給年輕人使用；更不希望成為植物人，也不願意活在機器上。

黃勝堅夫人當下反應：「幹嘛要簽這個？你的身體還很好！」這應當也是大多數人的反應，幹嘛沒事去觸霉頭！

臺灣人一直以來都不習慣談論「死」的議題，更何況相關自己或家人，所以要讓每個人主動的清楚認識「病人自主權利法」，並非易事。

法案中的「拒絕醫療」，在認識不清下，就有人以為是安樂死的合法化，或者是自殺，這絕非事實。

所謂安樂死，是如資深體育主播傅達仁在癌症末期到瑞士尋求的醫助自殺（physician-assisted suicide），這目前在臺灣並不合法。

拒絕醫療是指在特定的狀況之下，可以拒絕以人工或醫療儀器來維持生命；這並不是自殺，也不是求死，是尊重當事人的自主意願，「尊嚴的自然死亡」。

鼻胃管同樣也讓人有所誤解。撤除鼻胃管並不會造成病患死亡，更不會立即直接死亡，也絕不是要餓死、渴死病患。病患會在他生命的最後這段時間，被照護者細心親手餵食，或靜脈注射營養液，直到身體自然反應不再需要這些，在妥適的安寧療護中，自然進入死亡。

能開口談死，才能懂得死，才能自己有所選擇，能夠善終，相信是我們共同的希望。一個老苦病苦者能得到安寧照護而善終的社會，也是我們的期待。

法案訂定有「預立醫療照護諮商」（ACP），透過這個平臺，醫護人員和家屬可以進行良好溝通；這是臺灣未有的經驗。

永豐金控總經理朱士廷曾與太太參與試辦ACP。在其父親昏迷後，代替父親做醫療決定。他也希望替自己的善終做準備，不要讓太太、女兒落入選擇的煎熬。

（三）挑戰家庭：放手是愛，善終無礙

家屬捨不捨得放手有著許多原因，其他姑且不論，單就家屬的愛來說，目前仍然是病人能否善終的一道關卡。在安寧照護現場，即便當事人已經簽署DNR，但在最後一刻，常常有家屬就是捨不得放手。

曾經有位老奶奶，清醒前曾親筆簽署放棄急救的同意書，在其昏迷後，因著家人的不捨得而接受插管、洗腎，無意識的頂著一個空軀殼受苦，這樣是否能夠算真正的活著？好讓人感嘆，也讓人省思。

這種情形在臺灣的醫療現場經常發生，而且病患家人的意見通常遠比病患意願更具力量。即便有病患的意願，醫師若不進行急救，有些家屬因為情急，可能語言上就充滿威脅，要投訴醫院或告上法院。即便醫師情理法都站得住腳，但跑法院就是干擾生活、工作及情緒；沒到上法院的程度，針對投訴寫報告等行政程序就讓人消受不了。這些醫界都知道。

「病人自主權利法」通過，是政府聽見民眾的心聲，也是希望民眾預先做好醫療決定，但因為此法案沒有罰則，醫界也為此擔心，有些家屬可能臨時反悔，要求盡所能的搶救病患，醫療現場還是會頻繁出現這些讓人慨嘆的畫面。

第四節 佛理

人的軀殼，就像是租來的房子或車子，不只有使用期限，更會隨著時間有壞損。承受老苦與病苦的軀殼，即便再修補再保養以延長時間，總有一天還是要回歸塵土。

只有認清死苦是世間的真實相，才是如實，但也不只是要了解、接受而已，更要透過修習佛法，知道並實踐出離死苦的法門。

世間的一切有情、無情，都會成住壞空、生住異滅，這是自自然然發生的，且循環不已。生命既是如此輪迴，捨此生肉身，來世又有另一肉身，新生就是開始邁向死亡，死亡也是新生的起點，所以實在無須牽掛。重要的是，要有佛法智慧來面對死亡這項功課，好生好死。

修行佛法和念佛有成，機緣成熟，跳脫輪迴也是可期，不用再苦海浮沉。《瑜伽師地論》：「云何死苦？當知此苦亦由五相：一、離別所愛盛財寶故。二、離別所愛盛朋友故。三、離別所愛盛眷屬故。四、離別所愛盛自身故。五、於命終時，備受種種極重憂苦故。」《八大人覺經》云：「多欲為苦，生死疲勞，從貪欲起；少欲無為，身心自在。覺悟愚痴生死。菩薩常念，廣學多聞，增長智慧。覺悟五欲過患；雖為俗人，不染世樂。」

佛陀曾言：眾生皆有佛性。直指生死的根源在無明，去除無明而現出自性智慧，就可入涅槃解脫。涅槃，是指人透過修持，證得本具的佛性。《圓覺經》有載：「以因緣俱滅，心相俱盡，曰之涅槃。」

我等眾生其實本具佛性，因受妄想執著等等無明和所造業力的障蔽，才落入六道輪迴，若能如實老實修行，得證本性，就可以解脫生死。

一、十二因緣

生從何而生，死往何而去？

佛教是用十二緣起循環相續說明生與死的關係。十二緣起為：無明、行、識、名色、六入、觸、受、愛、取、有、生、老死。

《佛光教科書》：「有情眾生由於一念『無明』，因而造作各種『行』為，因此產生業『識』，隨著業識投胎而有『名色』，繼而『六入』成形，藉著六入接『觸』外境而產生感『受』，而後生起『愛』染欲望，進而有了執『取』的行動，結果造下業『有』，『生』命的個體就此形成；有了『生』，終將難免『老死』，『死』又是另一期生命的開始。於是就在『無明緣行，行緣識，識緣名色，名色緣六入，六入緣觸，觸緣受，受緣愛，愛緣取，取緣有，有緣生，生緣老死』的循環之下，有情眾生一期又一期的生命便因此流轉不已；構成有情生死的這十二個條件互為因緣，因此稱為『十二因緣』。」

十二因緣是有情生命流轉的因果關係，無明和行，是過去世的因，這二個因生出識、名色、六入、觸、受等現世的果；現世的愛、取、有，又種下來世生與老死的果，於是三世之間，有惑、業、苦的因果輪迴，這稱為「三世二重因果」。

十二因緣將過去、現在、未來三世串連環繞一起，當然我們不易穿牆解鎖而出。根本之道，唯有滅除無明永除煩惱諸暗，方能解脫枷鎖，究竟解脫。所以「無明滅則行滅，行滅則識滅，識滅則名色滅，名色滅則六入滅，六入滅則觸滅，觸滅則受滅，受滅則愛滅，愛滅則取滅，取滅則有滅，有滅則生滅，生滅則老死憂悲苦惱滅」。

依佛教的因緣法，生命是無始無終，不斷的在循環。三世相續的生命，雖有五趣六道的分別，但生命的主體還是同一個。死亡，並不是消滅。不能明白因果循環，生命就會隨著業識不斷流轉。但一旦明白了，十二因緣就是說明生命的根本因源。

二、四聖諦

佛教的四聖諦，指的是苦、集、滅、道四種真理。聖，是正的意思，《勝鬘寶窟》卷下：「聖者，正也。以理正物，名為聖義」。諦，指真理，含有審查、真實不虛的意思。四聖諦就是覺悟者說出其所證、所知的真實原理。苦是四聖諦的第一聖諦。苦諦並不是說「生命是痛苦」，而是「知道痛苦」，集諦是痛苦的成因，苦起於無明，滅諦是痛苦的止息。道諦是佛陀所開的處方，能讓痛苦消失。

（一）苦諦

苦，指說身心備受苦惱的逼迫狀態，直示人生實苦的真相。經典提到苦有二苦、三苦、八苦、一百零八苦，乃至無量無數的苦。今援引《佛教叢書》，就二苦、三苦說明：

「1.二苦：依身體內外來，苦有分二種：

(1)內苦：指身痛、頭痛等四百零四種病的身苦，以及憂愁、恐怖、嫉妒、猜疑等心苦。

(2)外苦：指來自大自然的風雨、寒熱、雷電、霹靂等災害，以及虎狼、獅豹、蛇蟲等傷害之苦。

2.三苦：依程度而分，苦有三種：

(1)苦苦：是指人的身心本來就苦，再加上飢渴、疾病、風雨、勞役、寒熱、刀杖等眾苦之緣所生的苦，稱為苦苦。

(2)壞苦：是指原本順乎己意的樂境，一旦時過境遷，或因故遭受破壞，而逼迫身心的苦惱。如樂極生悲或喪親之痛等，都屬於壞苦。

(3)行苦：是指一切有為法遷流三世，無剎那常住安穩，使身心感到逼惱，稱之為行苦。例如，我們常因時光飛逝或世事無常而慨嘆良多，即屬於行苦。」

當我們身心遭遇到外境加之的苦楚而感到苦痛，就是「苦苦」；當我們遭遇原本的欣樂有所改變，好比賽跑終點線前，原本跑第一，卻摔倒了痛失冠軍而感受到的痛苦，就是「壞苦」；我們對於一切人事物的無常變化感到的痛苦，這就是「行苦」。三苦可以再細微分出，就會顯出無量諸苦，眾生要面對生、老、病、死，有貪、瞋、痴無名苦惱，會遭遇無法真正避免的天災人禍，死後又被業識推入流轉輪迴……有生死就有種種苦。「苦諦」因此而有。

（二）集諦

集是積聚、招感之意，集諦指造成痛苦的原因。

眾生因為有無明、貪愛、瞋恚等等諸煩惱，而受到驅使積集著種種惡業，爾後又依種種業報招致種種苦果。但眾生往往已然招受苦果了，卻猶然不知省思懺悔，或還更加迷惑顛倒，又造新苦業，種下苦因再得苦果。如此煩惱業報相續不斷，只得再再感受苦海無邊。

了解苦的成因，明白苦的招感性與積集性，就會謹慎自己的人生。一切果報都有前因後果，因果的造就從無明而始，若希望脫離痛苦的深淵，首要之務是不再造作新業，不集苦因，不生「我執」，我們就能走進安然快樂的人生。

（三）滅諦

滅是寂滅。滅盡貪、瞋、痴等無明煩惱，現出清淨真如體性，就稱為滅諦。

《佛教叢書》云：「滅，其實就是『涅槃』的異名。《華嚴大疏》卷五十二說：『譯名涅槃，正名為滅。』」

又云：「涅槃是修道者在知苦斷集後，由修道所證得的解脫境界。它是滅除煩惱、痛苦、人我、是非、差別、障礙等種種無明，而獲得的一種境我一如，超越生死，自由自在，光明幸福的圓滿境界。」

我們因著無明加之因無明生出的欲念煩惱，影響行為，行為會造業而生苦果。苦果若要斷，就不可再造新業，也就是要滅除欲念，才能出離生死苦海，究竟解脫。

（四）道諦

道，通達，能夠通至涅槃的意思。《佛教叢書》云：「道諦就是指從痛苦的此岸到達涅槃的彼岸所必經的道路，也就是證得涅槃的正道，一般指佛陀初轉法輪時所開示的八正道（註：八正道請見下一項說明）。後來佛陀臨涅槃時，又加四念處、四正勤、四如意足、五根、五力、七菩提分等，合稱為三十七道品，又稱三十七菩提分、三十七助道法。循此三十七法而修，即可以次第趨向菩提，故稱為菩提分法。」

上所述及的修行，即修習經、律、論三藏闡述的道理，大約可歸類為斷盡諸惑的戒、定、慧三學，是滅苦入涅槃的修行方法。

家師星雲大師言道：「苦諦，是以智慧觀察出這個世界是充滿痛苦的火宅；集諦，是以智慧徹悟煩惱與造業是形成生死痛苦的原因；滅諦，是透過智慧，證得涅槃自性，究竟解脫生死煩惱；道諦，是達到究竟涅槃的方法。」

又言：「若依因果的順序來說，四聖諦應該是集、苦、道、滅，何以佛陀要先說果，後說因？這是因為眾生的根性，『果』易明而『因』難曉，為了方便化導，因此佛陀不得不先明示苦相，令眾生生起厭離之心，再示業因，使之斷集，繼而示以涅槃樂相，令其欣慕，然後再說修道之法，令其行持，目的就是要使眾生『知苦、斷集、慕滅、修道。』」

「苦、集、滅、道」是佛陀於菩提樹下所證悟的宇宙真理，佛陀就此真理，透過實踐成為「四弘誓願」：

眾生多苦，發願「眾生無邊誓願度」；苦出業集，發願「煩惱無盡誓願斷」；為使向道，發願「法門無量誓願學」；使得證果，發願「佛道無上誓願成」。

說明生死流轉及解脫之道的緣起道理，引發修道的決心與信心。

三、八正道

八正道即：正見、正思、正語、正業、正命、正勤（正精進）、正念、正定。這是八條通往涅槃解脫之正確方法或途徑。佛陀轉法輪時，所說離樂欲及苦行之二邊，趨向中道者，即指此八正道。所謂「正」者，以此八法盡離邪非故；所謂「道」者，因其能通達不生不滅、寂滅最樂之境故。循此八正道，可使眾生苦集煩惱永斷，證得涅槃的聖賢境界，因此又稱「八聖道」。

（一）正見

又作諦見，指正確的觀念、見解，星雲大師解說為「離諸顛倒邪見的正觀，是如實了知世間與出世間因果的智慧，是透過三法印、四聖諦、十二因緣等佛教教理來觀察宇宙萬象而獲得的正確見解。」

學佛可以帶來正確的觀念，轉變一個人的身口意，進而扭變人生。《佛光教科書》有云：「正見因緣果報、正見善惡業力、正見無常苦空、正見佛道永恆。有了正見的智慧，對於是非、善惡、真偽才能做正確的思惟判斷，發諸於身口意才有正確的行為，而不至造下三塗之因，自然免受五趣輪迴之苦。」

（二）正思

又作諦念、正志、正思惟、正分別、正覺，指正確的意志、決心、思量和分別。《瑜伽師地論》有言：「由正見增上力故，所起的無瞋恚、無害想，是為正思惟。」因此，正思就是要我們遠離貪、瞋、痴三毒，尋回清淨的本性，在求道的路上更加堅韌，相應正法，就能除三毒，入佛道。

（三）正語

指善良的口業，也就是話語合乎道理，遠離一切不慎、虛妄、不實。比如佛陀說法都是真實、如實的，就是正語。正言是真實、慈悲、稱讚、利行的，自己坦然，又利益他人。

（四）正業

又作諦行、止行，指正當的身業。保持正當的舉止，維持身、口、意三業清淨，不涉殺生、偷盜等等的相關；作息規律，有良好的飲食、運動、閱讀習慣等，也都可以稱為正業；不只愛人愛己愛家，更為社會謀福利，積極行護生、慈悲、布施等善行，更是正業。

（五）正命

又作諦受，指正當的經濟生活和謀生方式。《瑜伽師地論》卷二十九：「如法追求衣服、飲食，乃至什物，遠離一切起邪命法，是名正命。」用正常合理的經濟來源維持生活相當要緊，不正常的經濟生活，常有違背道德、法律的可能。

（六）正勤

又作諦治、諦法、正精進，指朝著真理的目標勇猛邁進，也就是積極為善，努力斷惡。經文有云：「在家懶惰、失於俗利；出家懈怠，喪於法寶。」懈怠成就惡道，世間苦惱於是生出，若要斷離生死，只有精進一途。《大智度論》以四正勤為精進目標：未生善令生起，已生善令增長；未生惡令不生，已生惡令斷除。

（七）正念

又作諦意，指清淨的意念。《遺教經》有云：「若念力堅強，雖入五欲賊中，不為所害，譬如著鎧入陣，則無所畏。」學佛的人，要懂得觀身不淨、觀受是苦、觀心無常、觀法無我，藉假修真。世間無常，生生滅滅，心念也如是，心能時時感知無常、空苦、無我，就不會貪戀世間，才能找回真如法性。

（八）正定

又作諦定。星雲大師闡釋：「是以正確的禪定集中意志和精神，而收攝散亂的身心，培養完美的人格。」禪定，並不在於形式，打坐是一般最常見的方式，但最重要的是透過身心的專注，開展內心的能源，令身心輕安，破迷入悟，開顯佛性。

一念即菩提，人間即是淨土。八正道，不只是佛學理論，更是日常生活的的準則，廣涉信仰與道德。若願意通過人間萬事實修、體證平常心是道，定能減少更或消除無明煩惱，人生得有更多的清淨自如，同時也打開通往成佛大道的法門。

舉一個例子，可以知道「正見」的重要。

有一位念佛人，臨終預知時至，前一天即告知親朋好友助其念佛往生。當天所有的人在其身旁一心念佛，他本人亦摒除雜念，一心等待佛來迎接，唯其妻在旁低泣，捨不得他走；午時，阿彌陀佛現前欲接引他往西方，他回頭看一眼年輕貌美的妻子，一臉梨花帶淚，哭得楚楚可憐，心一動念，即要求阿彌陀佛，等一會兒再來接他，等他安慰好妻子後再往生淨土。延至下午四時，此人無息而寂，但臉色卻灰白無光，不像午時佛來迎接時，臉色紅潤、神定氣閒。一念之差，不能即時放下，錯過了往生蓮邦的時刻，這都是無明眾生貪愛五欲六塵所致，所以才會在三界中生死輪迴不停。因此古德云：「業不重不生娑婆，愛不斷不生淨土。塵勞業悔，結惑堅執；情盡見除，不勞收拾。」

《佛說阿彌陀佛根本祕密神咒經》云：「阿彌陀佛名號，具足無量無邊、不可思議、甚深祕密、殊勝微妙、無上功德。所以者何？『阿彌陀』三字中，有十方三世一切諸佛，一切諸菩薩、聲聞、阿羅漢，一切諸經、陀羅尼神咒、無量行法。是故，彼佛名號，即是為無上真實至極大乘之法，即是為無上殊勝清淨了義妙行，即是為無上最勝微妙陀羅尼。而說偈曰：『**阿**字十方三世佛，**彌**字一切諸菩薩，**陀**字八萬諸聖教，三字之中是具足。』」

一心念阿彌陀佛這句名號，全部功德都在其中。

人懼怕死亡，其實是對死亡無知。生老病死，一定可以逾越，透過佛法，可以不畏輪迴、超越輪迴。以《佛光菜根譚》共勉人生道上，精進不懈。

「人生，不懼艱辛，要攀峰越嶺；

人生，不怕疲累，要跋山涉水；

人生，不計身命，要出生入死；
人生，不計危難，要赴湯蹈火。」

四、死後的去向

一期生命，人不過得有數十寒暑，一期結束，又轉生何處呢？就如一盞燈熄滅，並非就是終止，添油換燈芯再點燃、換燈泡再開開關，燈火依然明亮，燈燈是相續的。佛教因此認為人的這個形體結束消滅之後，因著業力，或升天，或以另一個形體再為人，或流轉在五趣六道。總之，生命之火相續不斷。

星雲大師說「其實死亡對我們而言，就像領了一張出國觀光的護照，到處可以海闊天空、優遊自在。」那麼人死了以後，會往何處去呢？大師說明：「佛教認為，死後審判我們的不是佛祖，不是菩薩，也不是閻羅王，而是由我們自己的業力來決定未來的幸福與痛苦。」所以，人死之後，將隨個人的業力不同走向不同的道途，所謂「欲知來世果，今生做者是」。

人死後，能夠依憑的業力有三種，以下引經論所述：

（一）隨重受生：就是「善有善報，惡有惡報」，人依生前積集最多的重因輪迴受生。若善根深厚，則出生善途；若惡業盈貫，則入惡道受苦。

（二）隨習受生：佛教也認為人死後將會隨著平日的習氣受生。好比念「阿彌陀佛」已然念成習慣，一旦遭逢意外，彌留剎那「阿彌陀佛」自然自口中或心念流出，因著這句「阿彌陀佛」，便能往生極樂。

（三）隨意受生：受生的去向，也跟日常所思極有關係。若平常專心學佛修道，一心一意希望成佛，去世後就會隨此意念往生淨土。因此，日常修持，淨念，佛心念念相續就非常重要。

佛教看待死亡，援引《人間佛教系列》來說明：「死亡不是消滅，也不是長眠，更不是煙飛灰滅、無知無覺，而是走出這扇門進入另一扇門，從這個環境轉換到另一個環境；經由死亡的通道，人可以提升到更光明的精神世界裡去。」佛教經典裡，對於這種死亡觀念有很相當多的比喻，略舉其中六種：

1. 死如出獄。
2. 死如再生。
3. 死如畢業。

4.死如搬家。

5.死如換衣。

6.死如新陳代謝。

真正的生命，超越無常、超越無我，也就是佛教所說的「涅槃寂靜」，不生不死，無生無滅。舉個例子，木材燃燒，薪薪傳遞，相續不息，生命本質也是，輪迴流轉不已。有風則生浪，風平則浪靜，動亂自是因牽引而動亂，最終還須歸回寂靜。

以佛教徒的立場而言，生死輪迴，苦難會得到救拔，生命有著無窮希望和生機。但輪迴終歸是苦，所以輪迴的目的是要讓眾生有因緣覺醒開悟。有正見的佛教徒，因此必須勘破輪迴、超越輪迴、不畏輪迴，住於輪迴卻不為輪迴所惑。

認清死亡，從生死輪迴的夢清醒過來，脫離生命的無常苦空！從積極生活開始，替自己來生會更好做準備，替未來世得脫離輪迴積聚因緣。人雖然隨著業力流轉，但自己可以決定造就如何的業，要對自家有信心！

星雲大師云：「在佛門中許多禪師大德的眼裡，死亡不是一種結束，也不是一切終止，更不是消滅，而是生的轉換，另一個生命的開始。」

第五節　極樂安詳的故事

一、優波先那比丘的故事

《雜阿含經》有一則記載：

有位優波先那比丘，在一座大森林中禪坐，有一條約一尺長的毒蛇，由樹洞中鑽出來，就往比丘身上咬了一口。比丘察覺之後，就向同在附近禪坐的舍利佛說：「我剛剛被毒蛇咬了，身上已布滿毒素，請您過來扶我走出森林，以免死在林內發臭，影響諸位同參的清修。舍利佛望著優波先那比丘說：「我看你臉色與平常無異，神情安然祥和，為什麼說就要死了呢？」比丘回答：「請不要用我的外相來判斷我不會死，如今毒氣已貫注全身血液中，我真的快要死了。但我已觀照五根是假相，五塵鏡，五蘊一切皆非我所有，所以我並不恐怖，也不懼怕。」

舍利佛聽了，立刻將比丘扶出森林外，並以偈頌讚歎：

「久植諸梵行，善修八正道；如出火燒宅，臨死無憂悔！」

優波先那比丘之所以能夠臨危不亂、生死無懼，皆因他早已澈悟生死必然，觀照一切皆空、四大五蘊假有之理，所以縱使身被毒蛇所噬，他的心仍安住在定中，如如不動。若換了世間未學佛者，可能蛇毒尚未發作，他已被自己的恐懼嚇死。所以我們對世間事物，若能常做深入觀察，了解到由「色、受、想、行、識」五種元素所構成的物質與精神世界是成住壞空，是虛幻不實。體悟人會老化，是無常的定律；欣然接受人會生病，是必然的現象，切實去承擔；不怨天尤人，我們就會過的安然無掛礙，對生死也就不會有恐懼感。一切無恐怖，一切的苦厄也自然消除了。誠如《般若心經》所言：「照見五蘊皆空，度一切苦厄。」

二、黑氏梵志的故事

有一則出自《佛說黑氏梵志經》的佛典故事：

過去，佛遊化到尼連禪河邊時，在那裡的一個月裡，示現十八種神變，度化了迦葉兄弟三人，以及千名弟子。之後，輾轉來到羅閱祇城停留一年，為大眾說法。自初成佛道，已經過二年，待到舍衛城，便大轉法輪，開示天人及百姓。

時香山有位梵志名字叫迦羅，修得四禪，具足五神通。天眼通能看清遠近、粗細；天耳通可遍聞音聲；神足通身能飛行；他心通能知人心念；宿命通能曉他人過去生。這位梵志講經，帝釋、梵天以及四天王、鬼神、龍，還有閻羅王都天天前去聽講，梵志也從不懈怠。

閻羅王有次聽法時不禁淚如雨下，抬頭看看梵志，更是加倍的悲傷。

梵志問：「為何悲傷落淚？」

閻羅王回答：「不說假話。您講道非常微妙，宛如蓮花，又好比明月珠。然而，您只剩七天壽命，所以我悲傷。再者，您命終後將墮入地獄，我現下專心修法，到時卻得對您施加五種酷刑，因此心中實在苦不堪言。」

梵志驚訝得陷入沉思，半晌後問閻羅王：「我已得四禪、成就五神通，超越梵天也沒有阻礙。想來沒有罪過，怎會墮入您統領的地獄？」

閻羅王說：「臨命終時，境界現前，您會遇到兇惡仇敵等而起瞋恚，生出加害之念，因此失去原本的修行而墮入地獄。」

梵志一聽恐懼不安，不知如何度過危難，因此坐立不安，時時發出長嘆。

帝釋、梵天及四天王等諸神於是來問：「怎麼老是長聲嘆息且不安？」

梵志回答：「我再七天就要命終，且將有仇敵現前來擾，我擔憂落入惡道。」

這時，一些住在香山常往佛處學習經典的善神便對梵志說：「佛出生在世，你可知道？」

梵志回答：「我是凡夫，怎能知道？」

善神接著說：「佛為救濟三界眾生，度化尚未度化的，解脫未解脫的，安穩尚未得到安穩的，救拔一切危難，要讓眾生到達永恆的寂靜處。您去拜見佛，佛可以讓您得到寧靜。」

梵志聽了非常歡喜，兩手各取了一棵美麗的梧桐、合歡，便飛到佛的所在。梵志未到之前，佛對摩夷說：「世尊大慈大悲，不曾捨棄應當度化的眾生。」並說了一段偈頌，大意是：

潮水順著岸邊，未曾越過邊際，假若有水神擾亂原本的水流，佛觀本性空寂，察覺當得度的眾生，使一切得到救濟，究竟沒有過失。

梵志飛到佛的地方，停在虛空向著佛。

佛對梵志說：「放捨！放捨！」

梵志回應：「謹遵世尊教導。」於是放下右手梧桐樹種在佛的右邊。

佛又說：「放捨！放捨！」

梵志再放下左手的合歡樹種在佛的左邊。

佛繼續說：「放捨！放捨！」

梵志說：「兩棵樹都已放下，我還有什麼可放下的？」

佛對梵志說：「不是手中的東西。是捨前，捨後，捨中間，一切不執著，就能度過生死種種的危難。」

佛又說了一段偈頌，大意是：

當放捨根本，也當放捨枝末，中間沒有處所，如此方可超越生死根源。體悟內六根眼、耳、鼻、舌、身、意無所有，外六塵色、聲、香、味、觸、法則無法現前，放下六根對六塵的執取，即可早早成就無為解脫。

梵志聽了佛的開示想：「不見有我，便了解心也是無所有，心性本來空寂。佛因應眾生之病給良藥，我蒙蔽的心從而開解，正像盲人得見，聾人能聽。佛能使得一切眾生悟見真理，真正是一切智者；今有幸遇佛，佛的德行不可思議、不可思量。」

梵志下來頂禮佛足後退至一旁。佛順梵志心性為其分別解說修行證悟方法，演說空、無相、無作三個解脫法門。

梵志當下證得不退轉，無絲毫煩惱，讚佛功德而說了一段偈頌，大意是：

光明超越日月，智慧如同大海，大慈大悲，十方歡喜擁護。眾生流轉三界，無數個億萬年，對應病因授之法藥，宣說佛法大智無礙。示現入於生死，雲水世間度化眾生而不隨業流轉生死，勸勉眾生精進修行，罪業福德無人能替。勤精進，莫為欲望所礙，降除五蘊魔、煩惱魔、死魔、天子魔等四種魔，成道無有障礙。

梵志對佛說：「我迷惑夠久，願您慈悲，讓我成為沙門！」佛允許。

梵志頭髮自落，袈裟著於身上，成為比丘。

他到地獄對閻羅王說：「您說我只剩七天性命，將墮地獄。現在我已是沙門，具足神通，煩惱斷盡，一時增壽。種種苦痛已除，住在世無數劫間，自由自在。」

閻羅王回答：「您仰賴福德因緣而遇見佛。佛對治您的病因傳您法藥，息滅諸煩惱。假如不是有這福德因緣，就會被罪業牽引，墮入地獄。現在您能永遠解脫，我實在為您感到高興。」這時候，在場的無數人也都發起菩提心。

佛說法後，比丘、菩薩、黑氏梵志、天、龍、鬼神、阿修羅、世間人等都歡喜非常，頂禮佛之後才離去。

生活中總有不如意，常常聽到「放下！放下！」我們常常放不下，即便一時放下，沒多久，心又提起了。重不重呢？還走得動嗎？佛說放下，是希望我們不對外境執著，同時真正從心底放下，才有可能獲致永遠的寂靜安詳，沒有起惑也沒有造業。感知佛的心意了嗎？

生活裡的考驗，也是千千萬萬，萬不可自以為是或過度自信，尤其面對生死問題。倚靠佛法，如履薄冰，精進再精進。

三、文荼王的故事

迦旃延有一次離開佛陀，前往遙遠的邊國——波羅梨園，在一位長者的竹林中教化。當時候那裡的國王——文荼王，最心愛的王妃去世了。文荼王悲傷到飯不思、茶不飲，當然國事就荒廢一旁了。

人死了，再有權有勢，也不能叫死者復活。但是，文荼王難忘舊情，於是想到將夫人屍體浸泡麻油中防止腐壞，他每天則對著王妃屍體說：「嘴巴怎不開口向我說話？這雙手怎不來抱夫君呢？王妃，怎不睜眼看看？」

文荼王聽不進勸慰和諫言，悲哀得沒完沒了，大臣們已為國家大事急得跳腳，也無法可想。文荼王說，只有讓夫人活過來，我才能不悲傷。

有大臣想起在波羅梨園的迦旃延，他的威德和善辯，說不定能讓文荼王不再傷心，重新振作起來管理國政。

於是大臣們向文荼王建議：「大王！現在有位佛陀的弟子遊化我國，他是迦旃延尊者，具有大神通、大威德，聽聞他是無所不知、無所不曉。大王去見他，說不定有幫助！」

文荼王一聽趕忙問：「他的神通能叫王妃活過來嗎？」

大臣們不知怎麼回應，但有一位聽過迦旃延說法的大臣，機警的回答：「大王！這個問題只有去請教迦旃延尊者，才能夠知道！」

文荼王即刻起程來到林中，一見面，隨即要求迦旃延把王妃救活。

迦旃延折下身旁的一根樹枝，對文荼王說：「大王帶回這樹枝供在宮中，要它永久常青，可能嗎？」

文荼王回答：「它已離根，不能再活。」

迦旃延說：「王妃業報已盡，壽命終了，如何能夠要他再活？」

迦旃延的反問，讓文荼王頓時覺悟，死不能再活是無常真理。

迦旃延清楚文荼王的心念，再次說法：「大王！您是國王，屬於全國人民，非您夫人一人獨有；大王應當把愛王妃的一念擴大，愛護全國人民，化思愛為慈悲，國家才能興隆，人民也才會擁戴您，願意尊您為國王！」

文荼王一聽心開意解，收起悲傷，頂禮告別迦旃延後，回宮安葬王妃，整頓國政。全國歡欣得無一人不感激讚歎善說法要的尊者迦旃延！

四、母親的故事

人們常說來到這個世間是來造業，可是有多少人了解「業力」呢！「業」，梵語karma，音譯作羯磨，是行為、行動，或造作的意思。因此，業即是行為上的生活；力是一種推動、驅使、影響、作用的意思。所以，業力的意思是：行為造作以後所產生的作用和影響力。俗話說「欲知前世因，今生受者是；欲知來世果，今生作者是。」業力雖然左右著我們的命運，可是業力卻是掌握在我們自己的手裡。

人生的貧富、貴賤、夭壽、愚智是遺傳和環境交互影響而決定，亦即「人之所以會有這些現象差別，乃是前世的業力，再加上今生的努力和機緣而造成。」一般人不了解這個「緣起」的道理，以為自己的命運是上天安排，無法改變，這種觀念、見解和看法，值得我們深思。

二〇一七年的五月二十日，六十幾年前帶我到人世間的慈母，在醫院加護病房安詳捨報。將近一個月的時間，高雄、臺北、常住、學校、醫院來來往往，感覺到生與死的距離是這麼的近，也對人生無常有強烈的感受、切身體會。

記得前一年十二月我在台北道場演講時，母親還前來聽講，不到半年的時間，他已經到極樂世界跟阿彌陀佛作伴。雖然如此，但回想母親在加護病房中，吸著高單位的氧氣、插著鼻胃管、尿道管，是多麼的不舒服啊！雖然我們都很希望母親能夠好起來，但八十七歲高齡，器官也都衰竭，所以我們也只有以祝福的心，祈待母親乘願再來，換一個健康的身體，再來和我們結緣。

當天向傳燈會會長慈容法師報告，容師父很快的回我簡訊：「為母親最後一程，應好好安排，常住會配合，請放心！」看完之後覺得很溫馨、很安慰。母親還在週六，是個好日子，因為各分別院都有念佛共修會，隨即和母親有因緣的分別院道場登記隨堂超薦，母親馬上就可以到世界各地去旅遊了。而且兒孫輩們也不用請假，就可以來參加助念八小時。衷心感謝台北道場、普門寺的法師們，安排佛光會的會員來助念八個小時。

普門寺當家帶著幾十位信徒前來念佛，莊嚴響亮的佛號聲，大家都說母親的福報真大，有這麼多人來助念。其實母親在三十八年前就參加普門寺的念佛會，不識字的母親經常和人討論佛法，也傾聽年輕人的煩惱，並常做千層捲和法師、信徒們結緣，所以這個法緣結得又深又廣！非常感謝本山副住持慧倫法師，五月二十六日前來主持告別式；晉塔時非常感恩慈莊法師以及慧傳院長、慧義法師和多位師兄們來參加。

記得在我未入佛門時，對宗教一點也沒有信心，認為那是消極、頹唐、悲觀的；是失敗或遭遇不幸者的精神皈依處。又加上對神、佛不瞭解，所以抱著敬鬼神而遠之的心理。但母親不時的要我陪他到廟裡去燒香拜佛，當時的我只好帶著遊覽觀望的心情去。

一個人的思想，常常深受環境的改變、自己的生活體驗，以及種種人事關係的變化所影響，我的學佛因緣，也因為母親的信仰而生根、發芽。就在我念高二那年，外祖母因病去世，母親傷心之餘，更是把全副精神寄託在宗教上；常到寺裡燒香禮佛，聽高僧大德講經說法。漸漸的，母親不再愁容滿面，對人生有了樂觀、積極的看法；對生、老、病、死也不再感到悲痛難過，且常要我教他誦讀經文及為他講解經義。那時候，我對佛經實在陌生，但母命難違，只好就字面大意講給母親聽。一、二個月以後，不識字的母親，竟然能把一部《觀世音菩薩普門品》念得異常通順。而且還將經中的大意，說給來訪的親戚朋友聽，並勸他們要多行善才有善報，多念佛、信佛才能往生淨土，並且曉以因果輪迴報應的可怕。這時，父親、兄嫂、我及弟妹們都感到奇怪而納悶著。

另有一件事，也改變了以往我對佛教的看法。那是在外祖母去世時，母親因悲傷過度而導致心臟機能衰弱、心肌擴大及氣喘，時常要打針吃藥。不久之後，卻發現母親的氣色好轉，醫師也好久沒有上門。原以為是吃了什麼特效藥或祖傳偏方，才有這麼大的功效。他卻告訴我：「你們一定奇怪，我為什麼少打針吃藥，事實上，我現在已經不太需要了。當我氣喘病發作時，或心裡憂悶、煩躁，只要一翻開經本，全神貫注的念，自然就忘記病痛，心也跟著平靜下來，而感受到法喜充滿。」此刻，我才覺得佛法的奧妙真是不可思議。更使我深受感動的是母親那種堅定不移、虔誠禮佛、渾然忘我的信念。有一次妹妹告訴我母親在收集一些新的銅板，每天要放幾個銅板到存錢筒。母親提醒自己每天都要布施、行善。認為一點一滴的善心，會聚少成多、滴水成金，所以每天都感覺到很幸福很滿足。記得在百萬人興學的時候拜託母親找幾位委員，想不到不擅言詞的母親卻滿口答應，而且在不到半年的時間就找了將近三百個委員，他自己都做了智慧委員。

父親去世時，母親在叢林學院捐「賴昭德紀念獎學金」，並且說他去世後也要捐獎學金，所以也捐「張嫌紀念獎學金」。母親非常佩服星雲大師，說：「師父上人很慈悲，讓窮人也有機會布施行善，每天捐獻一點點就可以眾志成城，成就大事業。」所以民國六十五年第一次參加佛光山的萬緣法會，就覺得找到了最好的師父、最棒的道場，從此每年都回山參加萬緣法會。大師的開示，「廣結善緣就能夠好運連連。人人和好，家家順利，事事如意，歲歲平安。」母親牢牢記在心裡，也時常與眾分享。

記得母親說我出生時，臍帶繞頸，因在娘胎裡憋氣五天才生出來，所以臉部是紫黑色的，當時親人們都要放棄了，說「養不活啦！」只有母親和祖母拜託產婆一直拍打我的屁股，終於哭出聲音來，因為母親的堅持，我才活下來。

當時因為醫療不發達，母親的肚子痛了五天，母親和外婆一直持念觀世音菩薩聖號，母親說是觀音菩薩保佑，所以我是佛祖、菩薩的小孩，因此我要出家時，他力排眾議，我才能成為佛門中的一分子。每當母親到寺院禮佛，我的師兄們總說：「昱媽媽您好！」母親很開心的說：「生一個出家的小孩，卻有一千多個出家人叫我昱媽媽，實在太值了！」

民國九十九年教育部推廣高齡者上大學的計畫方案，我申請到樂齡大學的計畫。讓五十五歲以上的人可以到大學來上課一年，免學雜費，授課老師的鐘點費則由教育部支出。當時由於學校在山上，招生不容易，母親為了支援我主持的樂齡大學，不辭辛苦遠從臺北來高雄，成為樂齡大學學員最高齡學生。

從開學典禮到結業典禮，雖然上課的時數不多，但母親永遠保持開心的笑容和其他的學員互動良好，尤其戶外教學，雖然母親膝蓋不好，走路走得慢，就算是拄著雨傘當拐杖，母親依然興致勃勃的參加。告訴我不用擔心，先去照顧別的學員，細心體貼的替別人著想，處處與人為善，就這樣「昱媽媽」也成為學員們的典範。也因為有母親的參與，樂齡大學上課的氣氛更加的祥和安樂。

常聽人家說，老人在臨終前半年就會有預知的能力。二〇一六年的八月底，佛光山舉行親屬聯誼會，妹妹帶著母親來參加，母親提到未來往生佛事由我全權處理，當時我總覺得說得太早。可是現在回想起來，真的有預感。尤其在二〇一七年年初一，母親突然昏迷不醒，家人緊急的將母親送到醫院急診室，過了一段時間母親卻自己醒過來了，就只說「沒事了，回家吧！」冥冥之中好像要告訴我們一些訊息，只是，兒孫輩們似乎都沒有察覺。

在加護病房中，我一直握者母親的手，跟母親說話、誦經給母親聽，母親那溫熱的手也不時的會回握我一下，在臨終前三天，母親的手和腳不再動了，手心的溫度也漸漸的不再那麼溫暖，我用藥師油擦著母親的手腳，用心的按摩手心、手背、腳掌心、腳背、腳踝，希望能提升一點溫度，祈求藥師菩薩加持讓母親能夠病苦消除、恢復健康。

二〇一七年五月十九日星期五，有一位師兄來探訪母親的情況，我提到母親好像在等待什麼，這位法師說：「老菩薩的佛事，要嘛！在水陸法會前，或在水陸法會之後，若是在水陸法會期間，北區的法師們都在忙，時間上可能就比較難圓滿囉！」第二天正要前往醫院，就接到通知，當我趕到醫院，母親安詳的閉上眼睛，好像在告訴我們，他終於解脫病苦，要前往極樂世界！總感覺，母親已選好和我們告別的日子，也趕上參加北區的水陸法會。

回想起母常說：「一枝草一點露，天公疼憨人」，心中就會有一道光明，人生前途希望無限！

父親曾經商失敗，母親很辛苦的在維持一個家庭，也常常三餐不繼，不知道明天的早餐在哪？但母親仍會把第二天早上要吃的食物布施給窮人或乞丐。

他常常告訴我們，我們今天晚上還有東西可吃，可是有人就要挨餓了，這樣善良的母親一直以身教、言教告訴我們為人處世要慈悲，所以在母親薰陶之下，二個妹妹也都有一顆善良慈悲的心。自己難過的時候，母親也會說：「一枝草一點露，天公會疼憨人的。」每當聽到這一句安慰的話，就覺得愁雲慘霧的心，一下子豁然開朗，溫馴的陽光照了進來，未來光明的大道在等著我們。

生活在日據時代沒有念過書的母親，會用五十音來注音學習經典，記得我在教母親《普門品》的時候，他就用日文平假名「あいうえお」一個一個的注音，學會了《普門品》和《阿彌陀經》，母親的智慧，以及對佛法的信心，真是讓人非常敬佩。二〇一〇年的佛光山親屬會拍團體照時，母親就站在大師的旁邊，他興奮得好幾個晚上都跟我說：「真是天公疼憨人啦！」他好開心喔！

凡是有修行的人，他的智慧會愈高，也就愈能了解因緣果報的法則。所謂「明因識果」，母親對於因緣果報的道理看得非常清楚透澈。諺云：「菩薩畏因，眾生畏果。」菩薩洞燭了一切法的因緣性，所以不會再造惡因、受惡果。無明愚痴的眾生，因為不了解因緣果報的法則，不知自己的苦果是因為自己的愚痴無明，起惑、造業然後招感苦果。智慧與愚痴只在體悟「因緣果報」的業力，一線之隔。

而母親的智慧，在人生的旅途裡，已為自己與家人累積無盡的善因，僅以此文感謝母親帶領我來到人間，更為子孫們種植了無盡的善因好緣。

五、生死一如——修行人

普化禪師在臨濟禪師座下。一天，禪師在街上向人乞求法衣的布施，信者用上好的袈裟供養，但他又不接受了。

有人就將這事報告臨濟禪師，臨濟禪師就買了一副棺材送給普化禪師，普化禪師歡喜的說：「我的衣服終於買回來了！」

普化禪師立刻扛起棺材跑到街上，大聲叫道：「臨濟為我做了一件法衣，我可以穿它去死了，明天上午，我要死在東門。」第二天，普化禪師準時扛著棺材來到東門，見人山人海，好事者都想來看看怎麼回事，普化禪師於是說：「看熱鬧的人太多了，今天不好死，明天來去南門死。」如此三天過去，從南門到西門，由西門到北門，再也沒人相信普化禪師的話，眾人都說：「普化把我們都騙了，好端端的人，哪裡有怎可能說死就死？不要上他的當了，別被耍了。」

第四天，普化禪師扛著棺材來到北門，看熱鬧的人沒幾個，就歡喜的說道：「你們真的非常有耐心，東南西北不怕辛苦的跟著我跑，我現在可以死給你們看了。」話一說完，普化禪師躺進棺材，蓋好棺蓋，就無聲息了。

生喜死悲，是常人的感受，而禪師將生死作玩笑，說生就生，說死就死，真所謂生死一如，已然超越生死。近代，金山寺出過一位活濟公——金山活佛。他晚年到東南亞弘化，天氣炎熱，當地人每天至少沖二、三回澡。老和尚卻是天天棉襖不洗澡，弟子們感到奇怪又不可思議，不時勸道：「師父！洗個澡吧。」老和尚卻都說：「不用洗。」

某一天，弟子們又請求老和尚洗澡，沒想到老和尚竟然答應：「你們老勸我洗澡，我今天就洗一次吧！」結果進浴室一、二個小時了，老和尚都沒出來。弟子們進去看，老和尚站在水龍頭下，水還沖著，呼喚卻沒回應，原來老和尚就這麼站著走了，真是生死自如。

一休和尚曾經講過，每當過年的時候，生命就踏進墳墓一步了。人生是個減數，每吃一頓飯就少了一頓，每過了一日就少了一日迎接朝陽。想想，若我們突然面對危急，在生死關頭時，最後浮現腦海的可能會是什麼畫面？是母親煮的一碗熱騰騰的麵，還是跟家人共進晚餐時的幸福時光；如果是諸佛菩薩的莊嚴慈容，或是極樂世界的場景那就太好了。……總總種種，無常隨時到來，我們當要珍惜每一個當下，因為誰也不知道下一分下一秒，自己，還在嗎？

六、珍惜生命的不完美

常聽人言，活著太苦了！這也不如意那也不順心，如果早一點離開這個世界，下輩子或許不會這麼苦了。很想問對方：「你都不珍惜這輩子，你的下輩子會比這輩子好嗎？如果自我了斷，可能無間地獄早就在等著你呢！」日本人的審美觀裡有一個「缺陷之美」的意境，當他們在中秋節賞月的時候，他們認為皎潔明亮的月亮固然好看，但有烏雲遮蔽，隱隱約約、朦朦朧朧的透出月光來才是真正的美。他們認為生命本來就不夠完美，有一點缺陷才是真正的美。所以那些一生都在追求完美主義者，如果什麼事情都要求一百分，自己痛苦別人也痛苦，我們要能真誠面對生命中的痛苦，轉苦為樂，化煩惱為菩提。因為生命必須有一些些縫隙，光明才進得來。

第六節　星雲大師語錄

星雲大師於《佛光教科書》提到對死的看法；《佛光祈願文》有〈為往生者祈願文〉、〈為亡者和遺族祈願文〉，摘錄整理以下，供參考：

「古詩有云：『眼見他人死，我心急如火，不是急他人，看看輪到我。』有人壽盡歸天，有人福盡墮落，有人意外身亡，更有人生死來去自如。面對『死亡』的心情，大多數的人都是恐懼多過於了解，或者以『不知生，焉知死』，拒絕談論。

一、死亡的處理

事實上，黃泉路上無老少，死亡並不是年老才會遇到。因此，面對死亡要：

1.思惟四大色身危脆不淨，乃因緣和合，面對世間變化，放下執著。

2.思惟生死一如，有生必有死，與其抗拒，不如用平常心接受，或用修持力解脫。

3.思惟死亡如出牢獄，解脫身體的枷鎖。
4.思惟死如喬遷，從破舊的房屋搬到更新的華廈。
5.思惟死如更衣，更換身體破舊的衣服。
6.思惟死如出國，可以到西方極樂國土。
7.思惟死如新陳代謝，更換生命的內涵。
8.思惟死非結束，而是生命另一段的開始。
9.思惟佛法僧，心放輕鬆，不起貪戀、恐怖、憤恨。
10.思惟淨土美景，欣然求去，常居佛國，逍遙自在。

物有生住異滅，人有生老病死，這是天地萬物運轉的常道，所謂『平常心是道』，若能以平常心來看待這生命的遞嬗與轉化，我們就更能處理生老病死，進而珍惜生命的可貴。」

二、〈為往生者祈願文〉

「慈悲偉大的佛陀！

今天亡者〇〇居士世間塵緣已盡，放棄因緣和合的身體。

請求您，佛陀！

接引他到清淨自在的佛國，讓他無諸苦惱，

但受諸樂；讓他花開見佛，見聞佛乘。

現在——他滿堂的子孫與親朋好友，都肅立在您的座前恭候著，

恭候著您的垂愛護念，恭候著您的接引開導。

我要告訴佛陀您，

偉大的佛陀！

亡者〇〇君，他是您的虔誠信仰者，

他是人間道德奉行者，他為社會急公好義，

他對大眾慈悲關懷。他是一位善良和藹的長者，

為家庭，他勤勞奉獻；為親友，他竭盡所能；

他能夠父慈子孝，他能夠兄友弟恭，

他能夠尊重和諧，他能夠持家立業，

他能夠謹遵長輩的教誨，他能夠繼承先人的事業。

此時此刻，我們也要勸請，

亡者○○居士：你要放下萬緣，
安心歸去；你要常隨彌陀，蓮登上品；念佛、念法、念僧，
修戒、修定、修慧。他日有緣，希望仁者能夠乘願再來；
他日有緣，希望發菩提心行菩薩道。我們代你向佛陀訴說心事，
願你在佛陀接引之下，托質蓮邦，受諸眾樂；悟無生忍，得不退轉。
從此不再受惡道的苦難，從此不再受惡人的逼迫，
從此不再有男女情緣的纏繞，從此不再有經濟匱乏的煩惱。
那裡有七寶行樹，八功德水，那裡有諸上善人，聚會一處。
您就長眠安住吧！或者，您就乘願再來吧！
我們所有眾等，將無盡的哀思，化作經聲佛號，
將無限的回憶，化為祝福感念。
如是祈願，
祈求偉大的佛陀垂哀納受，
祈求偉大的佛陀垂哀納受。」

三、〈為亡者和遺族祈願文〉

「慈悲偉大的佛陀！

我們今天聚集在您的座下，為○○居士舉行超薦佛事，

我們今天不但為亡者祈願，求生佛國淨土；也為生者祝禱，

希望他們節哀順變。因為他們彼此之間，會有許多牽掛與不捨；

因為他們對於未來，會有許多猶豫與依賴。

這些都要祈求佛陀您以慈悲神力

化解他們難以消除的情執，給予他們解脫自在的加被。

慈悲偉大的佛陀！

您曾開示我們：

『生者皆有死，合會有別離。』

『萬般帶不去，只有業隨身。』

生者應該了知：

生命的來去如同薪盡火傳，生命的火苗永不停息；

生死的轉變如同搬家喬遷，生命的主人仍是一樣。
生既未曾生，何足以慶喜？死亦未嘗死，何足以悲傷？
最重要的是——我們要發揮光熱，
照耀世間；我們要盡己所能，庇蔭眾生。
慈悲偉大的佛陀！
〇〇居士在這一期生命中，
以辛勤的汗水凝聚家庭的梁柱，以寶貴的血淚融入社會的洪流；
他所奉獻出的生命光華，已為親友留下芬芳的花果，
已為世間留下美麗的回憶。
慈悲偉大的佛陀！
祈求您的加被，
用慈悲的和風吹乾眷屬的淚水，用智慧的煦日照見生命的真義，
讓大家謹記〇〇居士的金玉遺言，讓大家讚頌〇〇居士的善心功德，
讓他生命的光華延續到未來，讓他生命的庭園不盡地繁衍。
如今，我要勸請〇〇居士！

世緣既了，彌陀接引，你在此生的任務已經圓滿了，
你應該即刻往生淨土，或乘願再來。
你的家庭，會受到諸佛菩薩的眷顧，
你的親人，會得到三寶龍天的護持。
慈悲偉大的佛陀！
懇切地祈求您，
讓生者亡者各有所安，讓生者亡者各有所歸。
慈悲偉大的佛陀！
請求您接受我至誠的祈願，請求您接受我至誠的祈願。」

善·終·的·省·覺

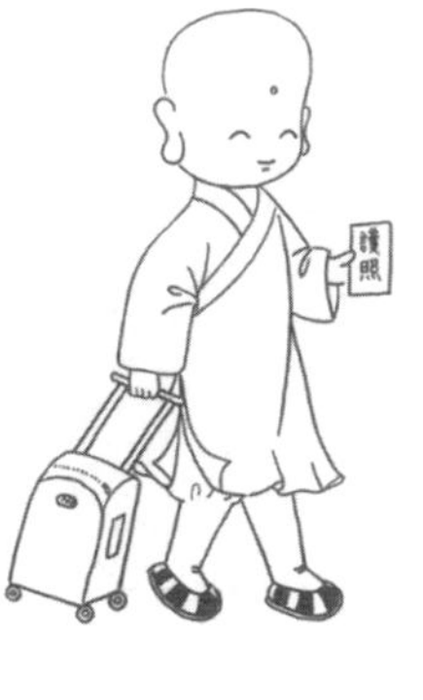
護照

結語

生命這門學問儘管深奧，整體歸納不外乎生老病死，佛家更喜歡說老病死生，再仔細探究，更只剩「生」、「死」兩大課題。

星雲大師說：「佛教非常正視生死問題，佛教其實就是一門生死學，例如：觀世音菩薩在現實世界中，尋聲救苦救難，就是解決生的問題；藥師佛在東方琉璃世界消災延壽，就是解決病的問題；阿彌陀佛在眾生臨命終時，接引往生，就是解決死的問題。佛教不僅解答生死問題，佛教更是尊重生命、愛護生命，佛教倡導惜緣、惜福、惜生、惜命，佛陀對一切眾生的慈悲愛護，載之經典，處處可見。」佛教經典就有記載，佛陀曾經割肉餵鷹、捨身飼虎、施食救魚，把生命融入真理，以真理供養大眾。

面對生死，我們若能幡然醒悟這是人生唯一的真實大事，且時時刻刻出現眼前或臨到己身，就會更慎重的進入此議題，不只做好今生的生涯規劃、老病規劃，更會透過學習佛法，全心投入「了生脫死」。

佛法的智慧，絕對可以真正引領我們面對生死而自在，更可以解脫生命中的種種煩惱。佛陀悟道後，於鹿野苑首次說法，闡述佛法不離世間。概言之，人生中，會有生、老、病、死諸苦惱；人間萬事裡，會遭遇可憎、別離、不能得償所願，以及身心為欲望所煎熬的煩憂，這等由生死循環和無明而起的諸多煩惱要能解脫，才能不入輪迴，入清淨地，而依靠佛法正道修行，是最佳解脫途徑。修行既然如此重要，擁有良好的身心狀態是修行的最基本，所以身體雖然是四大假合，但借假修真，絕對要愛惜，保持身心安泰。《菩薩處胎經》：「煩惱深無底，生死海無邊。」人的成長過程，一旦感知到生命無常，就應發願：「臨命終時，身無病苦，心不貪戀，意不顛倒，如入禪定。」因為有出生，一定會面臨老病死，發達的醫學能夠延長壽命，但相對的也延長病苦。老苦、病苦與死亡，能夠坦然接受、積極面對，在有自主能力時有所選擇，不是更好？

諸行無常，有生就有死，有死就有生。我們都在生死道上，敬祈多為今生老得自在、病得安心，最後善終做準備！更為來生身無病苦、無疾而終，累積因緣福德！祈願世世皈依佛陀，以期修善積德，生生自如，究竟解脫。

一個人能夠如實的面對生老病死，也才能夠真正的進入人生，細細感受裡頭的輕重緩急所帶來的喜怒哀樂，面對生命和情感也才會是真正的泰然，從中，更學會了自在拾起和自在放下，而最重要的，回顧這無常的人生，會無比的珍惜、無比的熱情，幸福感因此更能夠深化。

人生，當然要幸福啊！幸福，究竟是什麼？幸福不是得到了多少，而是放下了多少、付出了多少，打開心胸，開啟生命潛能，最幸福！

「生不足喜，老不足憂，病不足愁，死不足悲」，試著思考：是否曾真正自利利他，自覺覺他？來生是否願意歡喜乘願再來？應當往這個方向管理生命、經營生命、感受生命！

看到一幅掛軸，上面寫了修身養性的字句，覺得言簡意賅，摘錄如下和大家共勉：

1.「忍」能養福。
2.「忠」能養祿。
3.「樂」能養壽。
4.「動」能養身。
5.「學」能養識。
6.「靜」能養心。
7.「勤」能養財。
8.「愛」能養家。
9.「誠」能養友。
10.「善」能養德。

生命的歷程，就好比爬樓梯，當開始爬第一階的時候，覺得非常的簡單，就好像我們生下來懵懂無知，慢慢的，爬得愈來愈順勢；到了中年，生病了、體力不支，已經氣喘如牛，為了生活，還是得拚命爬；到了老年，體衰力竭、腳步蹣跚，每次出盡力氣也只能再多爬一、二層階梯。可是，如果懂得健康管理，會愈走愈輕鬆，因為負擔愈來愈少，生命的境界愈來愈寬闊。所謂「欲窮千里目，更上一層樓」，這個歷程是順利還是痛苦、是磨鍊還是考驗，完全在於心靈的管理。

試著體證佛法吧！身體、軀殼會壞去，宛如泡影，生命本質才是常存不滅、循環不已，所以要精進的追求正道，在生死中得大自在，永續經營我們的生命，一世比一世有所證悟。

星雲大師說過：世界上最美麗的一句話，莫過於「阿彌陀佛」，它蘊藏著超越時空的宇宙真理，所謂「無量壽，無量光」是也。

願您我在如此人間化、生活化和有無盡光明的佛法世界裡，滋養生命以勤勞、歡喜、清淨、奉獻，在生活中結出幸福、智慧的果子。生命如此無常，更無法選擇其長短和遭遇，但如禪詩：「十方同聚會，個個學無為；此是選佛場，心空及第歸」之意境，身心得以淨化、昇華。

出生是生，往生是生，來生也是生！所以，衷心祝福讀者諸君生生世世，心想事成，善緣好運，吉祥如意，諸事圓滿！

附錄

預立生前遺囑

在為成功大學和臺南藝術大學的學生上「生死學」的時候，出了三個期中報告題目，裡面有三個主題：生前遺囑、生前契約、告別儀式。透過這三個主題的設想，希望學生從年輕就開始思考生命最後的安排。以下選錄十位同學的部分報告內容，雖然學生們的思考較不周延，遺辭用句也滿特殊，有法律效力的遺囑書寫也有一些規定，但還是供大家參考，希望讀者在讓自己的人生精采外，借此也可思考人生最後的安排，讓此生了無遺憾。

〔一、成功大學　何同學〕

遺囑

立遺囑人何〇〇，中華民國〇年〇月〇日生，土城區人，身分證字號〇〇〇〇〇〇〇〇〇〇〇〇〇，茲依民法之規定，自書遺囑內容如後：

一、不動產部分

座落於新北市土城區住宅，所有持分由父親何〇〈中華民國〇年〇月〇日生，中和區人，身分證字號〇〇〇〇〇〇〇〇〇〇〉及母親范〇〈中華民國〇年〇月〇日生，土城區人，身分證字號〇〇〇〇〇〇〇〇〇〇〇〉平均繼承。

二、動產部分

（一）本人所有名下機車由女朋友鄭○○（中華民國○年○月○日生，豐原區人，身分證字號○○○○○○○○○○）單獨全部繼承。

（二）銀行存款由父親何○（中華民國○年○月○日生，中和區人，身分證字號○○○○○○○○○○）單獨全部繼承。

（三）其他一切財產，由女朋友鄭○（中華民國○年○月○日生，豐原區人，身分證字號○○○○○○○○○○）單獨全部繼承。

（四）本人指定父親何○（中華民國○年十月○日生，中和區人，身分證字號○○○○○○○○○○）為遺囑執行人。

曹操〈短歌行〉：「對酒當歌，人生幾何？譬如朝露，去日苦多。」

我已活了二十多年，沒有特別的成就，好事沒有，壞事許多，心中更有著許多的仇恨與抱怨，但既然是遺囑，其他人看到的時候我已經死了，那還是不要說那麼多負面的話語。

感謝母親大人花那麼多錢把我養大；父親大人，我無法再幫你組電腦了，花錢的時候，記得考慮那些物品自己用不用得到，您可以多燒一點房子汽車，我幫你先收著。

鄭〇，我無法照顧你了，也無法再接受你的照顧，感謝你這些日子以來的關懷，你給我的遠比我能給你的多，不能回饋以及繼續享受你的愛，應該是我最遺憾的事。吳〇〇、謝〇〇，無法看見你們退伍的樣子真是可惜，二十年後又是一條好漢，來生見吧！如果有來生。

我不要宗教儀式，我不要頭七也不要拜拜，這是我堅持的；也不要讓任何人瞻仰告別，人死了就剩屍體，擺個五天整吧！活不過來就可以火化了。大家再見！

〔二、成功大學　真同學〕

遺囑

立遺囑人：真〇〇

本人鄭重聲明，將本人所有以前訂立的遺囑、遺囑修訂附件及遺囑性質的產權處置，逕行作廢，並立此遺囑為本人最後的遺囑。

本人已經完成任務要回老家囉！無事一身輕真是快樂呢！不過本人留下來的爛攤子就要麻煩大家幫處理了。不用太悲傷，本人不喜歡眼淚，哭多將來是要命苦的……。

本人一生中最遺憾的兩件事，是大學時想逛夜市卻要騎好遠的腳踏車，以及就讀學校初設的法律系資源太缺乏。本人的遺囑執行人將委託我的法律系同窗宋○○以及鄂○○，他們與本人共度大學時光，充分了解本人設立這份遺囑的用意，是最為適合的受託人。如果兩位執行人有爭執時，可洽詢英國的大律師黃○○，他一向擔任我們這群人的調停人，必能勝任愉快。

我的孩子們，不要怨嘆太多，我生前都幫你們安排好啦！教育是我能給你們的最大遺產，所以金錢不要計較特留分的問題。我所有遺留的器物、飾品，都充滿了我們這個家庭的溫馨回憶，你們就分一分吧！如果你們決定要捐出去，或是辦個愛心義賣，我會更愛你們喔！

一、本人財產處置

（一）動產：

1.金錢、債券、證券、基金等有價證　將由受託律師鄂○○、宋○○擇慈善機構全數捐出。

2.珠寶、車子、器物方面，本人的子女皆有權利繼承，分配方式於平均價額內自己挑選喜歡的，由委託律師（宋○○、鄂○○）擔任執行人。價額依當時市值估算，如有爭議，由「富不示」拍賣團隊做成之估價為準。

3.本人鍾愛的烤焦麵包娃娃，以及本人母親所贈之玉珮，請一併隨本人入土，敢跟本人爭奪者，視為對本人之重大虐待及汙辱，準用民法第一千一百四十五條第一項第五款，喪失其繼承權。

（二）不動產：

1.本人名下所有土地一律整地作為「夜市」之用，其招商事由委託律師（宋○○、鄂○○）全權處理，務必使各大學騎腳踏車距離輕鬆可到之範圍內有優質夜市，讓學生可以低價買到優質耐用的物品。關於這點，兩位律師於求學時代有非常豐富的經驗，本人十分放心。場租扣除整潔維持費用所得，一半回饋地方作為綠化基金，一半回饋母校成功大學法律系。

2.本人名下房子由子女均分。

二、**遺體處置**

本人喜歡土葬，要跟本人鍾愛的家人一起葬於本人設計的家族墓園，關於告別式事宜由「好安心」生前契約公司全權處裡，本人已與其訂定契約，棺木樣式、告別事宜乃至奠儀收多少，皆依照本人生前指示辦理。告別事宜請參見後方所列「告別儀式」。

三、**律師費用**

孩子們，律師費本人已經付清。雖然他們絕不會介意再收一次，但如果你們有多餘的錢，就捐出去吧！行善及時，有時分散有限錢財，會得到無限的快樂喔！

最後，我要說，我這一輩子過得幸福極了！幸福的來源不在於我賺了多少、享受了多少，而是在於我擁有你們：我摯愛的朋友以及家人。我希望我的墓上有這樣一行墓誌銘：

「噓，有一個幸福的人正安詳的在裡頭呼呼大睡呢！」

告別儀式

一、**主題：**

在這風光明媚的早晨，賞我一個面子，我愛的人和愛我的人一起來野餐吧！逛逛光陰走廊，你錯過了哪一個時期的我呢？

二、**遺體處置：**

（一）土葬，埋葬地點已選擇。

（二）遺體放置時間勿過久，誦經儀式採一般民間習俗，以最簡便的方式，因為本人不想躺在冰櫃太久。

（三）棺木：要古式棺材，不要西洋式的，為求環保，不用原木，本人已挑選確定告別式場：

1.於風光明媚草坪上舉行，如執行上有困難，棺木不到可也！一張美美照片就行。

2.現場須備有本人一生中各個時期的人形立牌。

3.不發毛巾，送環保餐具。

4.須有管弦樂隊，但不奏哀樂，以弦樂伴奏大家用餐。

5.與會人員請著輕便服飾。

6.不收奠儀，但每人須準備一樣本人愛吃的菜餚，為避免重複，菜單已在網路列出，由親友自行點選。

7.全程攝影，不過遺容部分免。

（四）告別流程：

1.大家帶著本人最愛的菜餚陸續前來，此時請弦樂隊演奏家人為本人挑的主題曲。

2.簽到，簽完記得燒給本人，本人要點名。

3.發放餐具。

4.請大家愉快的吃著本人最愛的菜餚，此時請大家上臺分享與本人一起共度的時光，吐槽也沒關係。現場弦樂演奏。

5.自由活動時間，大家於人形立牌的光陰走廊裡，把握最後和本人合照的機會吧！

6.告別式結束之後，當天錄影光碟發放予眾親友。

為什麼要發光碟呢？這是個大家難得齊聚一堂的時候，也許過不久，裡頭的人也會陸續告別，當尚在世上奔波的人，思念我們這些先一步逍遙快活的人時，就拿出來看看吧！本人可是很貼心的沒有把遺容錄進去喔！

〔三、成功大學 林同學〕

遺囑

因為害怕日後的某一天會不幸的遭遇不測，事情往往都來得太過突然措手不及，我希望我是在所有事情都交代過，沒有任何遺憾的情況下，離開這人世間，所以我立下這份遺囑。不是杞人憂天，也不是有了想不開的念頭，只是想做好萬全的準備，如此而已。

我個人的遊戲帳號密碼，寫在一本封面是小兔子的本子上，放在家裡書桌的抽屜，弟弟如果喜歡，可以拿去繼續玩。比較牽涉隱私的例如：部落格、網路日記、MSN等的帳號密碼，我寫在一本封面是獅子的本子上，裡面包含了我的日記，日記除了那本之外，還有同樣在書桌右下角抽屜的三本，以上這些我希望能夠交給姐姐保管。郵局裡的存款，交給爸爸媽媽。我的衣服，請捐給有需要的人，讓他們度過人生的寒冬。其他用品，如果不忌諱，需要的人可以自行拿去。

另外，我死後捐贈身上所有能夠使用的器官，剩下的部分火化後放入骨灰罈。

除了一些身邊物品財產的交代之外，我還有一些話想說：

給把拔和馬麻：如果我讓您們看到這封信的話，對不起！讓您們白髮人送黑髮人，但我一定不是故意要這樣的，我也很希望很希望可以一直陪您們走到您們人生的最後。把拔雖然看起來很兇，當我做錯事或受傷時總是用責罵代替安慰，但我知道其實把拔最疼愛的小孩是我，只是關愛方式不一樣，關心正因為怕我受傷，所以才會為我的那麼不小心生氣，其實我都懂。雖然我已經不再像小時候那樣趴在您腿上睡覺向您撒嬌，但那永遠都是我記憶裡最溫暖最好睡的地方。還記得剛上大學的時候，有一次打電話回家，說天氣變冷了棉被不夠厚，希望把拔跟馬麻可以幫忙寄棉被，我早上才打完電話，下午便接到把拔的電話說把拔跟馬麻人在臺南了，我又驚又喜，心裡洋溢著滿滿的幸福和感動。可是又很難過自己那時候都在忙大學的事，很少回家，充滿了愧疚。對不起，讓您們操心了，其實我並沒有不想回家，每次回家我都過得很開心，真的，您們總是怕我在臺南過不好、吃不飽、穿不暖、睡不好，所以盡全力的讓我在回家期間受到最好的照顧。在您們回臺中之前，我親了您們臉頰一下，這是小時候我最常做的事情，不知為何，長大後便很久沒這樣做過了，但我看得出來把拔跟馬麻都好開心好開心，這反而讓我更加難過了，為什麼一件那麼簡單可以表達愛的事情，平常都要這樣吝嗇去做呢？我真的很愛您們，希望您們了解。

給弟弟：我們因為年紀相差只有一歲多，所以你從小就總是覺得我不該拿姐姐的權威來管你，我們也從小爭執衝突不斷。可是那是因為我希望你能夠更好的緣故，對不起，我想你心裡也應該知道的，姐姐脾氣比較衝，跟你還有把拔一樣，所以當你做錯事我會立刻厲聲糾正你，不是我擺權威，只是希望你能更好。把拔跟馬麻在你身上花了最多的心力，可能是因為你是家裡唯一的男生，跟我還有姐姐比起來，你比較倔強也比較沒有那麼聽話，可是他們是真的關心你。我希望你以後能夠多體諒把拔跟馬麻一點，懂事一點，不要總是讓把拔生氣也不要讓馬麻哭。也許你覺得把拔跟馬麻管太多很煩，但等你長大離開家你就會發現，那是在外面求也求不到的多麼令人懷念的溫暖慰藉。

給姐姐：雖然我們一直到差不多我國中的時候，才脫離從小吵吵打打鬧鬧的模式，成為會談心事的姐妹。但我心裡一直很尊敬也很喜歡你。對我來說，你就是我的模範我的目標，想來成大也是因為可以常常去找你玩。你從以前就不愛計較，對弟妹也照顧有加，課業、美術能力都很強。謝謝你總是不厭煩我從小就喜歡黏著你，一直到長大也是。我相信喳喳可以把你照顧得很好，所以你一定要幸福喔！

最後，生前契約很重要，能讓自己和家人都安心。我跟○○禮儀公司簽契約，因為費用合理，選擇也多，裡面有我想要的告別儀式。

〔四、成功大學　陳同學〕

遺囑

身為一名學生，身邊的東西不很多，存的錢也不多，最有價值的東西是一臺手提電腦，這是姐姐買來送我的。如果要立份遺產清單，我會把手提電腦留給姐姐；手上的書籍，留給比較窮的學弟妹，因為法律系需要的書種類滿多，也分學派，所以留給他們算有用吧！我的錢會捐給慈善團體，像是捐助給非洲的小孩，給他們得到較好的生活照料，或是幫助一些孤苦無依的老人家，讓他們吃飽。我想我的父母也會很開心我把自己的錢拿來做善事。我的衣服可以捐給孤兒或需要的人，文具可以給有心要讀書的孤兒，丟掉太浪費，這樣我覺得非常有意義。我的畢業證書就留給我父母吧！這有紀念價值，讓他們看了可以想念我！其他一些雜物可以丟掉，不然遺囑就太冗長了。

還有，想要對父母、奶奶還有姐姐說我是最幸福的，這是因為有他們的存在。我也要對我的朋友說真幸運能遇到你們，讓我的生命能這麼多姿多彩。

預簽生前契約有人認為是杞人憂天的一件事情，但我覺得生前契約不單是為了自己而買而簽，也是為了家人而簽。契約的內容包括殯葬的諮詢、儀式的安排，還有各項所需物品的準備，以及事後的後續關懷，都包含在契約當中。預簽生前契約利多於弊，因為可以減少家人對安排自己葬禮的煩惱。

我和〇〇殯葬公司預簽生前契約，葬禮選擇經濟型的，不需要花太多錢在葬禮上，把錢留給家人比較實際。我選擇土葬，雖然說人死了，不過我還是覺得被火燒滿痛的。我已選擇一個很美、讓人舒服、有海的地方安葬，因為我喜歡看海，死後能葬在靠近海的地方，也算沒有白活！

還有重點是遺照，我一定要有笑容且最漂亮的照片。棺木選中等就可以，無須太華麗，埋在土裡，最後什麼都會壞朽。現場來參加我葬禮的人，必須帶一朵玫瑰花或百合，會場上不用太多花，簡單為主。經濟型的葬禮，十五萬左右就可以，死後不用風光大葬，一切從簡。

〔五、成功大學　韓同學〕

遺囑

立遺囑人韓○○，生於中華民國○年○月○日，高雄市人，身分證字號○○○○○○○○○○，茲依民法相關規定訂立本遺囑：

吾此生歷盡人間冷暖，然誠善之心，未曾動搖；見吾一雙兒女如今逐漸茁壯，相信兒孫自有兒孫福，但仍期許人生有夢，築夢踏實。未雨綢繆，今立下此一遺囑，望爾等在吾人臨終或亡故後，遵照以下心願：

一、如已進入癌症末期，不進行任何極積性侵入治療，改採緩和性治療，並由韓○○代為決定是否放棄治療，切莫違背，否則即為大逆。

二、所有遺物皆平均分配。

三、將座落於高雄市○○區○○路○地號之土地及其上建築物由韓○○單獨繼承之。

四、所有保險給付，指定蔣○○為受益人。

五、玉山銀行帳號○○○○○○○○之全部存款，捐贈世界展望會。

六、其他定存款均歸妻子繼承。

七、名下有價證券信託謝○○律師保管，待吾兒女成年後再行移交處理。

八、吾人與妻子若不幸同時過世，子女年紀尚幼，得由顏○○為監護人至成年，再將一干遺產移交處理。

九、遺體火化後，晉塔於九洲島，葬禮無須鋪張，以佛教科儀處理。

走筆至此，心中滿懷感恩，但願有緣再續！

立遺囑人：韓○○
見證人：蔣○○
見證律師：謝○○
中華民國○年○月○日

告別儀式

首先是遺體的處置，在捐贈完能用的器官之後，剩下的部分火化，火化後的灰放骨灰鐔裡。我所嚮往的告別儀式，是日本莊嚴的告別儀式，略說於下，請家人參考並為我安排：

在日本，告別式在寺院或祭祀禮廳（殯儀館）舉行，氣氛莊嚴肅穆，沒有哀傷的悲泣，聽見的只有法師祈福的誦經聲，法音宣流不絕於耳，對往生者作最深的祝福，更撫慰了家屬悲傷的情緒。

告別式會場的布置方面，處處可見日本人對於消費者的細心體貼，大門屋簷下，備有愛心傘，提供來賓遮陽擋雨；入口處設置吊衣架，給進出者吊掛外套；受付處簡單清爽，回禮物品以層架設，整齊便利。進入式場前會經過一段追思走廊，把往生者的生平做一簡潔的精采回顧，供後人追思；再來就是祭祀禮廳，就以下簡圖來解說：以祭壇為主，花山為添加項目，可依家屬喜好提出構想，由專人設計不同主題之造型（例如：往生者生前熱衷音樂，則花山主題就會有五線譜或樂器的造型）；在告別式進行到瞻仰遺容時，現場禮儀師會將花山上之鮮花一一剪下，遞給瞻仰遺容之親友向往生者獻花，並把朵朵鮮花放置靈柩內遺體之四周陪葬；主祭者多為家屬自請所信仰之宗派大師，為往生者做祈福法事，誦經時間短則十五分鐘，長則四十五分鐘。在誦經的這段時間，家屬、親友陸續拈香，參與告別式的親友賓客均著黑色素服，男人佩帶黑色領帶，小朋友則穿著制服，為了有親、疏之分，拈香臺規劃兩處，讓親友拈香時，現場秩序得以維持。

誦經儀式結束後，此時現場工作人員會迅速移開座椅，騰出空間，再將靈柩推至會場的中心位置，供觀禮親友瞻仰、獻花，結束後由至親家屬（依序為夫、妻、長子……）捧神主牌位，走在最前頭，接著遺照、靈柩陸續上車，前往火葬場。

〔六、成功大學　賴同學〕

遺囑

立遺囑人賴○○，生於中華民國○年○月○日，臺中市人，身分證字號○○○○○○○○○○。

茲依民法相關規定訂立本遺囑：

人生可能沒有辦法活到破百年紀，但有機會看到世界上許多國家，以及嘗到世界上各種不同的美食、打過各種不同種的運動，就已經很滿足。如今只求未雨綢繆，所以立下遺囑，希望我臨終或亡故後，心願都能被遵照：

一、葬禮

（一）火葬：骨灰與我使用過的球具一併埋入面向冬天會結冰的湖的山上。

（二）儀式不必太正式，只要能大到上面的要求即可。

（三）儀式以環保、樸素、節儉為原則。

（四）不焚燒金紙、不宴客、不收禮金、不立墓碑、不設牌位。

（五）請購買一件紅翼隊的球衣（背號十一號），蓋在我的骨灰甕上面。

（六）○○葬禮公司服務股份有限公司。

二、財產處置

（一）財產

1. 臺中市郵局存款
2. 第一銀行北投分行存款
3. 第一銀行北投分行基金投資
4. 臺灣積體電路股票
5. 宏達電子股票
6. Google股票
7. Leman brothers基金投資，聯絡人：賴○○
8. 腳踏車一部

9.機車一部
10.汽車一部
11.黃金獵犬一隻
12.分配：
①父親：百分之三十
②母親：百分之二十
③大姐：百分之十（包括黃金獵犬一隻）
④大妹：百分之十（不包含股票）

（二）遺物處置

除了親戚友人希望留做紀念外，所有遺物均不必保留，以不造成後人困擾為原則，多餘的衣服能的話請捐給窮困的人，能幫忙他們的東西就都給他們，最後的回收或丟棄均可，請自由處理。

立遺囑人賴〇〇
中華民國〇年〇月〇日

〔七、臺南藝術大學　陳同學〕

遺囑

立遺囑人陳○○

天有不測風雲，人有旦夕禍福，看似遙遠的路途，又怎知幾時會到來，特此預立遺囑，以免將來增添家人困擾。

關於臨終的託付，已和○○禮儀事業簽訂生前契約，因此有關於臨終後的瑣事將全數由其承辦。唯有一環節悉求，關於告別式的演奏，本人曾打工擔任伴奏演出，國樂界的好友也相互約定結婚、告別式要互相幫忙，因此請邀國樂界的好友們前來，演奏無須哀傷，只須將過去一同練習過的曲子〈臺灣追想曲〉、〈難忘的潑水節〉等，當作是回憶般的帶出。

關於財產部分，本人目前手中未有任何實質財產，也早已放棄繼承父親的財產，因此，將做以下的規劃：

一、倘若孑然一身，所擁有的財產將全數捐獻給功德會，感念各位師兄師姐的無私奉獻，希望能用來造福更多人群。

二、倘若只有另一半或是母親仍健在，將財產的二分之一捐獻給安養院，希望能對社會弱勢提供更多關懷，其餘二分之一將遵循財產繼承法規。

三、假如育有子嗣或是領養之兒女，財產三分之一將提供至孩童成年，餘額則和另外三分之一財產捐獻給創世基金會，感念當初對植物人父親的照顧，剩下三分之一財產則依循財產繼承法傳承。

本人陳〇〇，於中華民國〇年〇月〇日，出生於高雄市壽山醫院。立下此份遺囑的同時，已於高雄市壽山醫院完成器官捐贈同意書，以及放棄急救同意書的簽署，雖然身體從小不好，但希望可用的器官還是能捐獻出去；若是因為癌末重症等醫療判定可以放棄急救的條件下，請不要再試圖救回本人。塵緣已了，一切是命，真要說人生旅途最難捨的，是感念眾多的貴人相助、朋友支持，卻未能表達感謝之意。

天也空，地也空，人生渺渺在其中，權勢富貴，皆如浮雲，已無所求，只希冀此份遺囑效力發生時，能撫平親友的感傷。此外，無須投注太多無謂的財力於喪葬事宜。每年的祭拜、燒紙錢，若因此能藉慰在世的家人，本人也不忍強行拒絕。

中華民國〇年〇月〇日立書

生前契約

本人老家在高雄，決定就近辦理，土親人親，生前契約雖不是絕對萬能，但可減少日後的掛礙，也減少親屬的困擾。因此即便生前契約內容有很多硬性綁定，還有諸多不給付的部分，可以選擇的彈性不大，也是很值得簽署。

參考高雄區知名的生前契約公司，〇〇生前契約是本人信賴的對象，而且曾經在告別式上演奏，親眼看到禮儀師專注誠懇、專業有條理，不再有悲傷，而是充滿感念的祥和，因此跟〇〇生前契約簽約。資源的投入，盡量簡約，減少社會的負擔。並請禮儀業者代辦包括像死亡證明的申請等行政事項，作日後的準備。

告別儀式

請家人不用擔心，本人臨終前，會有專業諮詢師來協助你們，並告知生前契約相關，毋須擔心後續事宜。

接受完大體器官捐贈後，大體請直接送往殯儀館內，無須傳統的靈堂設置，有簡易的小型靈柩即可。場地布置無須奢華，鮮花祭品等能免則免。

告別式簡易即可，無須公祭，但須有足夠空間讓國樂界的伙伴演奏，一圓彼此相約以演奏送別的心願。

透過法師的誦經，撫慰在世者，無須大張旗鼓，直接送至火葬場，骨灰請海葬，不設塔位，人身一切取自於大地之母，希望回歸自然。

〔八、臺南藝術大學　顏同學〕

遺囑

為個人財產預先安排繼承權，可為親人解決不少煩惱。

訂立遺囑時之注意事項：

按我國現行法律的規定，遺囑依其方式的不同，可分為自書遺囑、公證遺囑、密封遺囑、代筆遺囑及口述遺囑。其實立遺囑人自己識字並略暗法律，採「自書遺囑」方式就可以了。民法第一一九〇條有規定，自書遺囑為「要式行為」，應由立遺囑人自書遺囑全文，記明年、月、日並親自簽名。如有增減、塗改應註明增減、塗改之處所及字數，另行簽名。採用此方式者，有下列幾點必須注意：

一、自書遺囑之簽名為特別規定，只能「親自簽名」，不得以印章、指印或其他符號代替。

二、自書，即謂遺囑人親自書寫之意，故以打字機、電腦等所作之遺囑，即使是為立遺囑人親自撰稿，亦不得稱之為自書遺囑。

三、自書遺囑若一式多份，不可用影印代替，應以複寫紙複寫，並須重新親簽。

四、塗改時避免用修正液修正，應直接槓除後依民法規定處理。

五、自書遺囑不需要用五言絕句或七言絕句押韻來寫，一般白話文即可。

六、自書遺囑不需要「見證人」，但最好要有遺囑執行人或遺囑保管人為宜。

七、保險單的受益人可以用遺囑來變更，保險法第一一一條：「受益人經指定後，要保人對其保險利益，除聲明放棄處分權者外，仍得以契約或遺囑處分之。要保人行使前項處分權，非經通知，不得對抗保險人。」就因卡在通知的義務上，致實際上用遺囑來變更受益人並不十分可行，建議還是以契約在生前變更較為妥當，以免發生法律上的糾紛時，保險公司不負責任。

八、以遺囑處分遺產，仍不得違反特留分，為免利害關係人提起「確認遺囑真偽之訴」，被繼承人之遺囑宜經公證並指定多順位之遺囑執行人。

根據上述，我想生前遺囑是為了讓家人能更容易處理自己過世後的問題，能了解自己的想法也不為家人帶來麻煩。

當我掛了之後，不要土葬，把我燒一燒灑到大海裡面就好，每年拜一次就可以，謝謝。

我的收藏的書請好好保留，不要拿去換衛生紙和送去垃圾場，閱讀是一種必須保持的習慣，請繼續在家族中傳下去。

小孩子要自己打拚，錢和房子請捐贈各個基金會。

立遺囑人顏○○

中華民國○年○月○日

生前契約

生前契約，所指的就是在生前為自己的身後事做好妥當的安排，以及須有殯葬業者配合，因此，雙方所訂定的，即為「生前契約」。主要內容是關於葬禮的種種事宜，包括事前的諮詢，儀式的安排和各項所需物品的準備，以及事後的後續關懷。歐美地區，生前契約已有六十年左右的歷史，根據統計目前約有七成左右的成年人，會預先為自己的後事做安排。

我已經跟〇〇簽生前契約，他們都安排好了，照著做就可以。

告別儀式

我不要告別儀式，而是要辦感謝儀式，在我死前，我要先把感謝的人寫出來，列表呈現。

感謝儀式要像辦桌一樣熱鬧，用大螢幕播放我和親友相遇的過程、感謝的地方，寫出我對他們每一個人的想法。大家開開心心吃一頓，不要有淚水；我想讓大家知道，我的離去只是一種必然，每個人都會死，我也只是在這循環中的一分子，不要太在意，讓生活受到影響。

最後，骨灰希望灑在的海邊，所以選擇海葬，每個人為我倒最後一杯酒，說「一路好走」就夠了，我一生耗費夠多資源了，死都死了，盡量不要再麻煩。

（九、國立臺南藝術大學　呂同學）

遺囑

這個世界已經沒有什麼好留戀的了，我死了也不會有人注意到，甚至有人還會暗自竊喜吧！哼哼！反正我這個人的命就是這麼沒價值、比單細胞生物還不如吧！哈哈！算了，這樣也好，就不用每天都被一牛車的報告給壓得喘不過氣，真是可喜可賀啊！

雖然我這個人一生命賤，沒什麼財產，但還是要交代一下我的一些東西該有的處置。

立遺囑人呂○○，中華民國○年○月○日生，高雄市人，身分證字號○○○○○○○○○○○，茲依民法之規定，自書遺囑內容如後：

一、不動產部分

本人無不動產。

二、動產部分

（一）本人歷時數十多年來之收藏品，全數作為我的陪葬品。

（二）本人多年來所繪之作品請代為妥善保管，並由妹妹全權處置。

（三）本人於銀行中之存款、保險金及其他財產等由全體繼承人（包括瑪爾濟斯愛犬）繼承。

以上不動產與動產部分，本人指定母親○○為遺囑執行人。

呵呵！雖然白髮人送黑髮人真的是大不孝，但這也是無可奈何的啊！不好意思了，爸、媽，自己要保重身體，生死都是人生必經過程，不要太難過了，要好好快樂的過日子喔！妹你也是啊，反正沒有我你就可以繼承所有財產了，高興吧！

立遺囑人呂〇〇

中華民國〇年〇月〇日

生前契約

基本上，因為家徒四壁，因此沒有太多的錢簽訂生前契約。假使一定要，會選最便宜的，但必須要政府核可、有信譽的好公司，且要能把所有東西、資金物盡其用，才不會得不償失。

預算是經濟型約十萬左右，排場簡單而隆重，採家庭式溫馨風格、不必太多人，幾個關係要好的親友參與即可。

告別儀式

遺照要沙龍照，棺木用玻璃棺，且要放花和布偶在裡面，壽衣穿紅秀麗當貴妃時的衣服。現場音樂採用中西樂合璧演奏古典樂，會場不必太鋪張，用蕾絲、緞帶、薔薇、百合、藝術氣球等簡單布置即可。整體感覺像一場小型的家庭式宴會，不希望有人痛哭流涕。

葬禮形式採用土葬，但為西式立墓碑方式，無須隆起的土丘，但要把陪葬品一起下葬，且下葬地點請選能使家族興旺的好寶地，下葬時間請擇良辰吉時。

〔十、臺南藝術大學　林同學〕

遺囑

各位，當你們看到這封信時，應該會很驚訝吧！我在寫這封信時，自己都覺得很訝異，總覺得這是很久以後的事情，或許不會輪到自己，但事情就這樣發生了，總之，別難過太久，就當我是去享樂吧！至於我留下來的那些東西，能拿去幫助別人就捐出去吧！算是我為這個社會所盡的最後一點責任。

給爸爸：哈囉！老爸！在這裡先跟你說聲抱歉，我先去享樂了，以前很不好意思，我對您的口氣不是很好，我大多是對您開玩笑的，不是真的兇您，希望能獲得您的諒解。媽媽或許會念一念您，但忍一下就過了，希望你們好好相處，多多幫我孝順外公和外婆，多多保重喔！

給媽媽：您的憂鬱症好多了嗎？要多多出去玩喔！不要窩在家裡，多交朋友，遇到不如意的事情就想開點，或找人聊天，別悶在心中，雖然我不在，但我會成為守護這個家的天使喔！所以，媽媽您要多多保重，別將一切的重擔都自己扛。

給妹妹：要多多照顧爸媽喔！姐姐不在，這個家就要麻煩你多照顧，要記得常常回去看看爸媽，多多慰問他們，多多帶他們出去玩，別讓爸媽老是窩在家中，外公外婆也要你多多關心囉！記得多聽媽媽的話，他是為你好，別讓他擔心了，總之，要做什麼我想你很清楚了，要記得該做的事喔！

給眾親友：長時間以來，謝謝大家的照顧，我不知道該說些什麼，但也要繼續麻煩大家多多照顧我的爸媽和唯一的妹妹，我在此先謝謝大家了。大家也許很錯愕，怎麼一個人就這麼走了，但我很慶幸我提早享樂了，雖然讓白髮人送黑髮人很不孝，可是，我能提早守護這個家，保護它不再發生憾事，這或許是我這個做晚輩的能為自己的父母所做的最後一件事了吧！總之，希望大家能不求回報的繼續幫助我家。

立遺囑人林〇〇

中華民國〇年〇月〇日

告別儀式

告別會場希望有一大片的花海，淡雅的花卉為主，花海中放置我的沙龍照，我的遺體置於花海中，現場播放多首中西樂器合奏的輕音樂。現場的氣氛要維持歡樂，我不希望我愛的人太過悲傷，因為我很容易受別人影響而哭，我不喜歡悲傷的道別，希望大家開開心心的告別。最重要的，是參與喪禮的各位，絕對不可以穿著黑色衣服。

註：請上http://www.funeralinformation.com.tw/Detail.php?LevelNo=11了解生前契約簽訂的注意事項，也可參考各家禮儀公司的生前契約，對於簽訂生前契約會有更多的認識。

【愛．生命010】

生生自如

—開啟生命奧祕之寶典—

國家圖書館出版品預行編目(CIP)資料

生生自如——開啟生命奧祕之寶典 / 釋依昱
作. -- 初版. -- 新北市 : 香海文化, 2019.05
368面 ; 17×23公分. -- (愛.生命 ; 10)
ISBN 978-986-97229-0-2 (平裝)

1.生命哲學 2.生死觀 3.佛教修持

220.113 107020914

作　　者　釋依昱
照片提供　王萬坤
插畫提供　覺具法師

執行編輯　黃怡禎
美術編輯　不倒翁視覺創意
封面設計　翁翁

出版・發行　香海文化事業有限公司
發 行 人　慈容法師
執 行 長　妙蘊法師

地　　址　241新北市三重區三和路三段117號6樓
　　　　　110臺北市信義區松隆路327號9樓
電　　話　(02)2971-6868
傳　　真　(02)2971-6577
香海悅讀網　https://gandhabooks.com
電子信箱　gandha@ecp.fgs.org.tw
劃撥帳號　19110467
戶　　名　香海文化事業有限公司

總 經 銷　時報文化出版企業股份有限公司
地　　址　333桃園縣龜山鄉萬壽路二段351號
電　　話　(02)2306-6842
法律顧問　舒建中・毛英富
登 記 證　局版北市業字第1107號

定　　價　新臺幣320元
出　　版　2019年5月初版一刷
　　　　　2024年7月初版七刷
佛光審字　第00052號
ISBN　978-986-97229-0-2
建議分類　生命哲學・生死觀・佛教修持